미래와 통하는 책

동양북스 외국어 베스트 도서

700만 독자의 선택!

새로운 도서,
다양한 자료
동양북스
홈페이지에서
만나보세요!

www.dongyangbooks.com
m.dongyangbooks.com

※ 학습자료 및 MP3 제공 여부는 도서마다 상이하므로 확인 후 이용 바랍니다.

홈페이지 도서 자료실에서 학습자료 및 MP3 무료 다운로드

PC

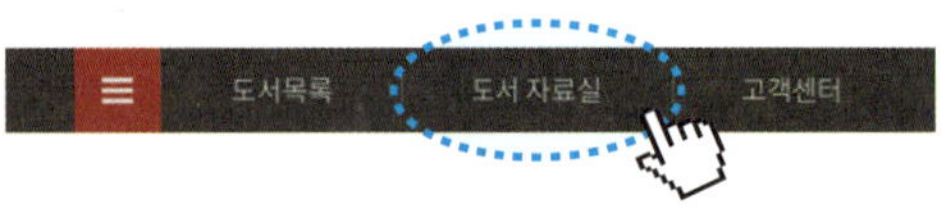

❶ 홈페이지 접속 후 도서 자료실 클릭
❷ 하단 검색 창에 검색어 입력
❸ MP3, 정답과 해설, 부가자료 등 첨부파일 다운로드
* 원하는 자료가 없는 경우 '요청하기' 클릭!

MOBILE

* 반드시 '인터넷, Safari, Chrome' App을 이용하여 홈페이지에 접속해주세요. (네이버, 다음 App 이용 시 첨부파일의 확장자명이 변경되어 저장되는 오류가 발생할 수 있습니다.)

❶ 홈페이지 접속 후 ☰ 터치

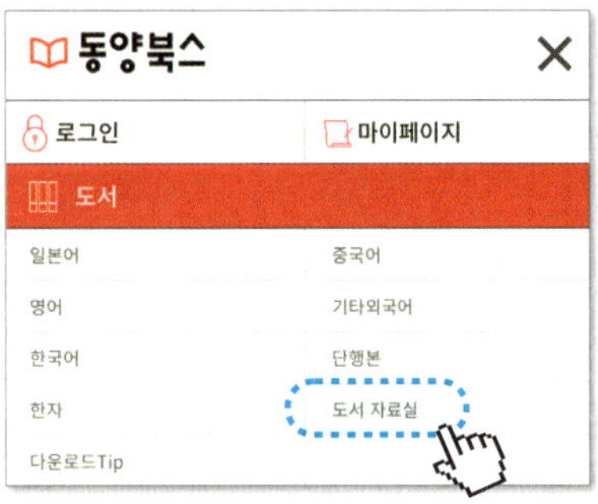

❷ 도서 자료실 터치

❸ 하단 검색창에 검색어 입력
❹ MP3, 정답과 해설, 부가자료 등 첨부파일 다운로드
* 압축 해제 방법은 '다운로드 Tip' 참고

일본어 동화나라 시리즈 1

일본어 독해가 즐거워지는 일본 전래 동화

황금자 지음
다이쿠 구미코 감수

동양북스

일본어 독해가 즐거워지는

일본 전래 동화

초판 10쇄 | 2023년 10월 5일

지은이 | 황금자
감 수 | 다이쿠 구미코
발행인 | 김태웅
책임 편집 | 길혜진, 이선민
일러스트 | 조선경
디자인 | 남은혜, 김지혜
마케팅 | 나재승
제 작 | 현대순

발행처 | (주)동양북스
등 록 | 제 2014-000055호(2014년 2월 7일)
주 소 | 서울시 마포구 동교로22길 14 (04030)
구입 문의 | 전화 (02)337-1737 팩스 (02)334-6624
내용 문의 | 전화 (02)337-1762 dybooks2@gmail.com

ISBN 978-89-8300-633-2 14730
978-89-8300-637-0 14730 (전 4권 세트)

▶ 도서출판 동양북스에서는 소중한 원고, 새로운 기획을 기다리고 있습니다.
http://www.dongyangbooks.com

머리말

독해실력을 올릴 수 있는 가장 좋은 방법은 무엇일까요? 다양하고 많은 문장을 읽고 또 읽어 보는 것일 겁니다. 그렇다면 그 많은 문장들이 딱딱하고 어려운 내용으로 되어 있는 것과 재미있으면서도 유익한 내용으로 되어 있는 것이 있다면 여러분께서는 어떤 독해교재를 고르시겠습니까?

답은 간단합니다. 이 책을 만든 이유도 마찬가지입니다. 여러분이 좀더 재미있는 내용으로 옛날의 일본문화와 일본인의 사고방식을 이해하고 일본어 독해에 익숙해질 수 있도록, 그리고 쉽게 문법과 어휘를 습득할 수 있는 독해교재를 만들자는 목적으로 본 교재를 만들었습니다.

이야기책만큼 술술 읽고 넘어갈 수 있는 교재는 없습니다. 또한 내용면에서도 유익합니다. 지루함을 느낄 틈도 없이 어느새 이야기가 끝나있고 옛날이야기로 이루어진 독해를 한 페이지 한 페이지 읽어나가다 보면 자신도 모르게 독해실력이 쑥쑥 늘어나는 것을 느낄 수 있을 겁니다.

이 교재의 특징은

첫째, 일본인이라면 누구라도 알고 있는 일본의 전래동화를 담고 있습니다. 옛날부터 일본 민간에 전해 내려오는 10편의 이야기를 묶어서 초급, 중급, 고급 순으로 담아 여러분의 실력에 맞춰 공부할 수 있습니다.

둘째, 본문 하단에는 이야기에 나온 단어들을 정리하였고 본문 다음에는 중요한 문법표현과 본문이해를 돕기 위한 문제들도 수록했습니다. 모르는 단어가 나와도 당황하지 말고 차근차근 읽어가세요. 충분히 이해가 되었으나 미진하다고 생각되시는 분은 본 교재의 뒤편에 있는 이야기 해서을 통해 뜻을 확인해 보실 수 있습니다.

셋째, 이야기를 일본인 성우의 목소리를 통해 생동감 있게 녹음하여 마치 여러분 자신이 이야기 속에 들어가 있는 듯한 느낌을 드리고자 노력했습니다. 지루하지 않게 내용을 귀로도 익힐 수 있게 하였습니다.

그럼, 즐겁게 일본어 공부하세요. ^^

황금자

차례

일러두기

본문

재미있고 친숙한 동화를 일본어 원문으로 즐겁게 읽으며 해설과 대사를 통해 자연스럽게 구어체와 문어체를 동시에 습득할 수 있습니다. 막힘없이 이야기를 읽어내려 갈 수 있도록 본문 페이지 하단에 어휘 설명을 넣었으며, 초급·중급·고급, 단계별로 나누어 체계적으로 독해력을 향상시킬 수 있도록 구성하였습니다. 또한 한자가 먼저 눈에 들어올 수 있도록 독음을 글자 아랫부분에 배치하여 한자를 능숙하게 읽는 연습도 겸할 수 있습니다.

※ 번호와 색이 들어간 문장은 문형과 문법 파트에서 설명을 할 중요 문장입니다.

※ 오디오CD에서는 '고급'을 일본에서 주로 쓰이는 '상급(上級(じょうきゅう))'으로 발음하였습니다.

문형과 문법

이야기 본문에 나오는 중요 문형과 문법을 설명하는 페이지입니다. 이야기 속에 나오는 문장과 실용적인 예문들을 반복하여 읽으며 자연스럽게 문법을 체득하고 문형과 문법의 구체적인 활용 및 쓰임새를 익혀 독해 실력을 크게 향상시킬 수 있습니다.

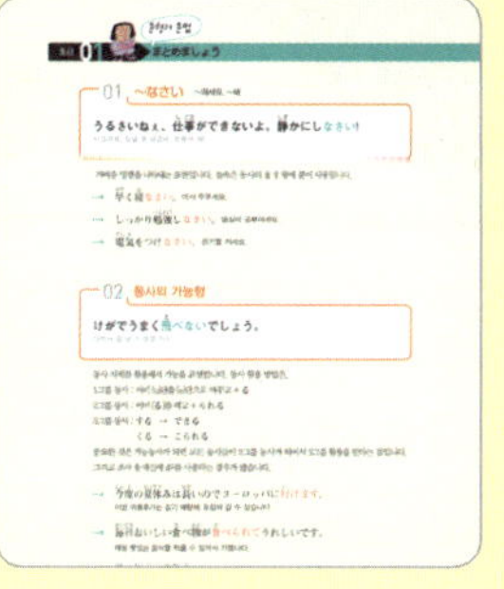

확인 문제

이야기 본문 내용을 제대로 이해하고 있는지 확인하고 학습한 내용을 복습할 수 있도록 이야기에 관련된 문제들을 객관식, 주관식으로 구성하였습니다. 문제를 스스로 풀어보며 자신의 독해 실력을 체크해 볼 수 있는 코너입니다.

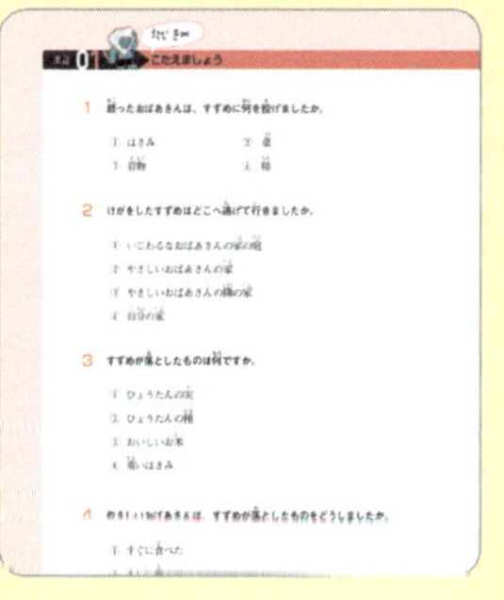

이야기 해석

이야기 본문을 읽고 이해가 부족한 부분이 있거나 자연스럽게 문장을 읽어내려 갈 수 없을 때 참고할 수 있도록 책 뒷부분에 해석을 실었습니다.

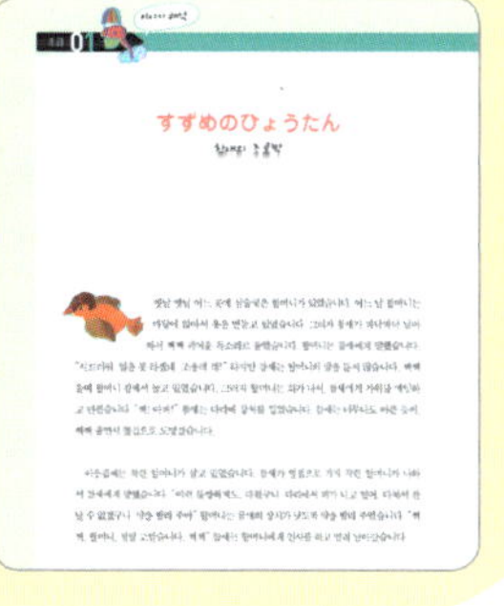

본문

초급 01

すずめのひょうたん

참새의 조롱박

むかしむかし、あるところに、いじわるなおばあさんがいました。ある日、おばあさんは庭に座って、着物を作っていました。すると、すずめがパタパタと飛んで来て、チュンチュンとかわいい声で鳴きました。おばあさんはすずめに言いました。「うるさいねぇ、仕事ができないよ。静かにし[1]なさい！」でも、すずめはおばあさんの話を聞きません。チュンチュン鳴いて、おばあさんのそばで遊んでいました。すると、おばあさんは怒って、すずめにはさみをえいっと投げました。「チュン！痛い！」すずめは足にけがをしてしまいました。すずめはとても痛[4]そうに、チュンチュンと鳴きながら、隣の家に逃げて行きました。

낱말과 표현

すずめ 참새 | ひょうたん 조롱박 | むかしむかし 옛날 옛적 | あるところに 어떤 곳에 | いじわる 심술궂음 | おばあさん 할머니 | ある日 어느 날 | 庭 마당 | 座る 앉다 | 着物 옷, 일본 옷 | 作る 만들다 | すると 그러자 | パタパタ 폴짝폴짝 | 飛んで来る 날아오다 | チュンチュン 짹짹 | かわいい 귀엽다 | 声 목소리 | 鳴く 울다 | 言う 말하다 | うるさい 시끄럽다 | 仕事 일 | できる 할 수 있다 | 静かに 조용히 | 話 이야기 | 聞く 듣다 | そば 곁, 옆 | 遊ぶ 놀다 | 怒る 화내다 | はさみ 가위 | えいっ 에잇 | 投げる 던지다 | 痛い 아프다 | 足 발, 다리 | けがをする 다치다, 상처를 입다 | とても 매우 | 隣の家 이웃집 | 逃げて行く 도망가다

隣(となり)の家(いえ)には、やさしいおばあさんが住(す)んでいました。すずめが隣(となり)の家(いえ)へ行(い)くと、やさしいおばあさんが出(で)て来(き)て、すずめに言(い)いました。「おや、かわいそうに。けがをしているね。足(あし)から血(ち)が出(で)ているよ。けがでうまく[2]飛(と)べないでしょう。薬(くすり)をぬってあげようね。」おばあさんは、すずめのけがが治(なお)るように、薬(くすり)をつけてくれました。「チュンチュン。おばあさん、本当(ほんとう)にありがとうございました。チュンチュン。」と、すずめはおばあさんにあいさつをすると、遠(とお)くに飛(と)んで行(い)きました。

낱말과 표현

やさしい 상냥하다 | **住む** 살다 | **出て来る** 나오다 | **かわいそうに** 불쌍하게 | **血が出る** 피가 나다 | **うまく** 잘, 능숙하게 | **飛べる** 날 수 있다(가능형) | **薬をぬる** 약을 바르다 | **治る** (병이) 낫다 | **薬をつける** 약을 바르다 | **あいさつ** 인사 | **遠く** 먼 곳, 멀리

それから、またある日。おばあさんが庭に座っていると、一羽のすずめが飛んで来ました。見ると、けがをしたあのすずめでした。おばあさんは、「あぁ、けがをしたすずめだね。もうすっかりけがは治ったようだね。よかった、よかった。」と言いました。すると、すずめはおばあさんの前足元にポトンと小さな一粒の種を落として行きました。おばあさんは、「おや？何だろう？何か落として行ったね。あ、これはひょうたんの種だ。すずめがくれたかわいいおくりものだから、植え[3]てみよう。」と言いました。おばあさんはすぐにひょうたんの種を植えました。すると、芽が出て、葉が出て、つるも長くなって、どんどん大きくなりました。おばあさんは、毎日ひょうたんの実を取りました。「おやまあ、立派なひょうたんだわ！こんな大きなひょうたんに何を入れようか…。」と言いました。

낱말과 표현

それから 그리고 나서 | また 또 | 一羽 한 마리 | もう 이제 | すっかり 완전히 | 前足元 발 앞 근처 | ポトン 톡 | 小さな 작은 | 一粒 한 톨 | 種 씨 | 落とす 떨어뜨리다 | おくりもの 선물 | 植える 심다 | すぐに 곧, 즉시 | 芽 싹 | 出る 나다 | 葉 잎 | つる 넝쿨, 덩굴 | 長い 길다 | どんどん 쑥쑥 | 大きい 크다 | 毎日 매일 | 実を取る 열매를 따다 | 立派 훌륭함 | こんな 이런 | 大きな 커다란 | 入れる 넣다

おばあさんが少し考えていると、ひょうたんの中に何か入っているようです。「おや？おかしいね。まだ中には何にも入れていないのに。」と不思議に思いました。おばあさんはひょうたんを振ってみると、なんと、お米がザクザクと出てきました。「これはすごい！不思議なひょうたんだね。ザクザクお米が出てくるよ。」おばあさんは喜びました。それから、おばあさんがそのお米をたいてみると、甘くておいしいご飯ができました。すずめはやさしいおばあさんに助けられたので、お礼にひょうたんの種を落として行ったのでした。

낱말과 표현

少し 조금 | 考える 생각하다 | 何か 뭔가 | 入る 들어가다[오다] | おかしい 이상하다 | まだ 아직 | 不思議に 신기하게 | 思う 생각하다 | 振る 흔들다 | お米 쌀 | ザクザク 지천으로, 얼마든지 | すごい 대단하다 | 喜ぶ 기뻐하다 | たく (밥 등을) 짓다 | 甘い 달다 | おいしい 맛있다 | ご飯 밥 | できる 완성되다, 다 되다 | 助けられる 도움받다 | お礼に 답례로

おばあさんは、「すずめや、すずめ。けがを治してあげたこと、ずっと忘れないでいたんだね。私がお礼を言わなければいけないね。ありがとう。」と、すずめを思い出して言いました。おばあさんは毎日、すずめを思いながら、ひょうたんの中からお米を出して、そのお米を食べて生活しました。それを見て、隣のいじわるなおばあさんは「ああ、いいなあ。私もすずめにやさしくしていたら、あんなにおいしいご飯が毎日食べられたのに。ああ、残念なことをした。」と、やさしいおばあさんをいつもうらやましそうに見ていたそうです。

낱말과 표현

ずっと 계속 | **忘れる** 잊다 | **お礼を言う** 감사의 말을 하다 | **思い出す** 떠올리다, 생각해내다 | **出す** 내다, 꺼내다 | **食べる** 먹다 | **生活** 생활 | **あんなに** 저렇게 | **残念** 유감스러움, 아쉬움 | **いつも** 항상 | **うらやましい** 부럽다

01 ～なさい ～하세요, ～해

うるさいねぇ、仕事(しごと)ができないよ。静(しず)かにしなさい!

시끄러워, 일을 못 하겠네. 조용히 해!

가벼운 명령을 나타내는 표현입니다. 접속은 동사의 ます형에 붙여 사용합니다.

- 早(はや)く寝(ね)なさい。 어서 주무세요.
- しっかり勉強(べんきょう)しなさい。 열심히 공부하세요.
- 電気(でんき)をつけなさい。 전기를 켜세요.

02 동사의 가능형

けがでうまく飛(と)べないでしょう。

다쳐서 잘 날 수 없겠구나.

동사 자체를 활용해서 가능을 표현합니다. 동사 활용 방법은,

1그룹 동사 : 어미 [u]단을 [e]단으로 바꾸고 + る

2그룹 동사 : 어미 [る]를 떼고 + られる

3그룹 동사 : する → できる

くる → こられる

중요한 것은 가능동사가 되면 모든 동사들이 2그룹 동사가 되어서 2그룹 활용을 한다는 점입니다. 그리고 조사 を 대신에 が를 사용하는 경우가 많습니다.

- 今度(こんど)の夏休(なつやす)みは長(なが)いのでヨーロッパに行(い)けます。
  이번 여름휴가는 길기 때문에 유럽에 갈 수 있습니다.
- 毎日(まいにち)おいしい食(た)べ物(もの)が食(た)べられてうれしいです。
  매일 맛있는 음식을 먹을 수 있어서 기쁩니다.
- 彼(かれ)は英語(えいご)も日本語(にほんご)もできます。
  그는 영어도 일본어도 할 수 있습니다.

03 ～てみよう ～해 봐야지, ～해 보자

すずめがくれたかわいいおくりものだから、植(う)えてみよう。
참새가 준 귀여운 선물이니까, 심어 봐야지.

～てみようは ～てみる '~해 보다'에서 나온 의지 표현입니다.

- 有名(ゆうめい)な歌手(かしゅ)のコンサートがある。行(い)ってみよう。
  유명한 가수의 콘서트가 있다. 가 봐야지.
- かわいいワンピース、着(き)てみよう。
  귀여운 원피스, 입어 봐야지.

04 ～そうに ～인 듯이

- **すずめはとても痛(いた)そうに、チュンチュンと鳴(な)きながら、隣(となり)の家(いえ)に逃(に)げて行(い)きました。**
  참새는 너무나도 아픈 듯이, 짹짹 울면서 옆집으로 도망갔습니다.
- **やさしいおばあさんをいつもうらやましそうに見(み)ていたそうです。**
  착한 할머니를 언제나 부러운 듯이 바라보았다고 합니다.

い형용사 어간 + そうに의 형태로 활용합니다. 어간이라는 것은 단어 끝에 오는 어미 い를 뗀 부분을 말합니다. 단, 특별한 경우로 ない는 なさそうに(없는 듯이, 아닌 듯이), よい는 よさそうに(좋은 듯이)로 어간과 そうに 사이에 さ가 들어갑니다.

うれしい → うれしそうに (기쁜 듯이)　　楽(たの)しい → 楽(たの)しそうに (즐거운 듯이)

- 彼女(かのじょ)は悲(かな)しそうにベンチに座(すわ)っています。
  그녀는 슬픈 듯이 벤치에 앉아 있습니다.
- 少年(しょうねん)はおもしろそうにそのアニメを見(み)ています。
  소년은 재미있다는 듯이 그 만화영화를 보고 있습니다.

초급 01 こたえましょう

1 怒ったおばあさんは、すずめに何を投げましたか。

① はさみ　② 薬
③ 着物　④ 種

2 けがをしたすずめはどこへ逃げて行きましたか。

① いじわるなおばあさんの家の庭
② やさしいおばあさんの家
③ やさしいおばあさんの隣の家
④ 自分の家

3 すずめが落としたものは何ですか。

① ひょうたんの実
② ひょうたんの種
③ おいしいお米
④ 重いはさみ

4 やさしいおばあさんは、すずめが落としたものをどうしましたか。

① すぐに食べた
② すぐに植えた
③ すぐにたいた
④ すぐに切った

5 いじわるなおばあさんがやさしいおばあさんをうらやましそうに見ていたのはどうしてですか。

① 隣のおばあさんがとてもやさしかったから
② 隣のおばあさんが植えたひょうたんが立派だったから
③ 自分もすずめのけがを治してあげたかったから
④ おばあさんが毎日甘くておいしいご飯を食べていたから

6 いじわるなおばあさんの庭に何が飛んで来ましたか。

7 いじわるなおばあさんはどうして怒りましたか。

8 やさしいおばあさんはけがをしたすずめに何をしてあげましたか。

9 大きなひょうたんの中には何がありましたか。

10 すずめが忘れないでいたことはどんなことですか。

초급 02

かさ地蔵(じぞう)

삿갓 쓴 지장보살님

むかしむかし、あるところにお金がない貧しいおじいさんとおばあさんが住んでいました。明日はお正月な[1]ので、近所の家からぺったんぺったんとおもちをつく音が聞こえてきます。でも、おじいさんとおばあさんには、おもちを買うお金もありません。「おじいさん、どうしたらいいでしょうね。お正月の準備もできなくて…。」おばあさんが言うと、おじいさんは「じゃあ、私が町に行って、たきぎを[2]売ってくるよ。」と言って、たきぎを持って、町へ出かけて行きました。

낱말과 표현

かさ 삿갓 | 地蔵 지장보살 | お金 돈 | 貧しい 가난하다 | おじいさんとおばあさん 할아버지와 할머니 | 住む 살다 | 明日 내일 | お正月 설날 | 近所 이웃, 근처 | ぺったんぺったん 쿵덕쿵덕 | おもちをつく 떡을 치다 | 音 소리 | 聞こえる 들리다 | でも 하지만 | 買う 사다 | どうしたら 어떻게 하면 | 準備 준비 | できない 할 수 없다 | 言う 말하다 | 町 읍내 | たきぎ 장작, 땔나무 | 売る 팔다 | 持つ 가지다, 들다 | 出かける 나가다

おじいさんは町につくと、「たきぎはいりませんか～、たきぎはいりませんか～。」と、たきぎを売る[3]ために、大きな声を出しました。でも、誰も買ってくれません。そして、とうとう雪もチラチラ降ってきました。おじいさんは「あぁ、一つも売れないな。お腹は空くし、疲れたなあ。」と言いながら、とおりを歩いていました。すると、一人のかさを売っている男に会いました。その男は「おじいさん、どうですか。たきぎは売れましたか。」と、聞くと、おじいさんは「いいえ、売れないよ。困ったな。このまま家にも帰れない[4]し…。」と答えました。二人はどうしようかと考えました。

낱말과 표현

つく 도착하다 | いる 필요하다 | 大きな 커다란 | 声を出す 목소리를 내다 | 誰も 아무도 | そして 그리고 | とうとう 결국 | 雪 눈 | チラチラ 나풀나풀 | 降る (비, 눈이) 내리다 | 一つ 하나, 한 개 | 売れる 팔리다 | お腹が空く 배가 고프다 | 疲れる 지치다 | とおり 거리 | 歩く 걷다 | すると 그러자 | 一人 한 사람 | 男 남자 | ～に会う ~를 만나다 | 聞く 묻다, 듣다 | 困る 곤란하다 | このまま 이대로 | 帰れる 돌아갈 수 있다(가능형) | 答える 대답하다 | 二人 두 사람 | どうしようか 어떻게 할까 | 考える 생각하다

「同じものを持って帰ってもつまらない。私のかさをあなたにあげますから、その代わりにあなたのたきぎをください。」と男は言いました。おじいさんは「じゃあ、そうしましょう。」と言って、男にたきぎを渡して、代わりにかさをもらいました。「やれやれ、だいぶ[2]遅くなったな。おばあさんが首を長くして待っているだろうな。」と、かさを持って、急いで家に帰りました。雪はどんどん降ってきて、まわりは白くなり、少しずつ暗くなってきました。おじいさんは「おお、寒い、寒い！早く帰らなければ。」と言いながら、顔をあげると、お地蔵さんが六つ、仲良く並んで立っていました。

낱말과 표현

同じもの 같은 물건 | **帰る** 돌아가다[오다] | **つまらない** 한심하다, 소용없다 | **あげる** 주다, 드리다 | **その代わり** 그 대신 | **渡す** 건네다 | **もらう** 받다 | **やれやれ** 이런이런 | **だいぶ** 상당히, 꽤 | **遅い** 늦다 | **首を長くする** 애타게 기다리다, 몹시 기다리다 | **待つ** 기다리다 | **急ぐ** 서두르다 | **どんどん** 점점 | **まわり** 주변 | **白い** 하얗다 | **少しずつ** 조금씩 | **暗い** 어둡다 | **寒い** 춥다 | **早く** 빨리 | **顔をあげる** 얼굴을 들다 | **仲良く** 사이좋게 | **並ぶ** 늘어서다, 나란히 서다 | **立つ** 서다

おじいさんは「おやおや、これじゃお地蔵さんも寒いでしょう。」と、頭の上にのっている雪を落としてあげました。そして、自分が持っているかさを一つずつお地蔵さんにかぶせました。ところが、困ったことに、かさが一つ足りません。「あぁ、[2]困ったな。どうしたらいいだろうか。」と、おじいさんは少し考えました。そして、自分がかぶっている手ぬぐいを取って、お地蔵さんにかぶせました。おじいさんは自分が寒いのも忘れて「ああ、これで大丈夫だ。よかった。」と、安心しました。そして、おじいさんはお地蔵さんに頭を下げると、急いで家に帰って行きました。

낱말과 표현

頭 머리 | **のる** 위에 놓이다, 얹히다 | **落とす** 털어내다 | **自分** 자기 자신 | **一つずつ** 하나씩 | **かぶせる** 씌우다, 입히다 | **ところが** 그런데 | **足りない** 부족하다 | **少し** 조금, 잠시 | **かぶる** (머리 등에) 쓰다 | **手ぬぐい** 수건 | **取る** 잡다, 벗다 | **忘れる** 잊다 | **大丈夫** 괜찮음, 걱정없음 | **安心する** 안심하다 | **頭を下げる** 머리를 숙이다

家ではおばあさんが首を長くして待っていました。おじいさんが「今帰ったよ。心配しただろう。」と言うと、「おじいさん、こんなに遅くなって、どうしたの？外は寒かったでしょう。早く中に入ってくださいよ。」と言いました。おじいさんは今日の話をおばあさんに聞かせました。「かさを売る男に会ってね。男はかさが売れないし、私もたきぎが売れない。だから、男にたきぎをあげて、代わりにかさをもらったんだよ。でもね、帰りに雪の中のお地蔵さんを見つけてね。お地蔵さんが寒そうだったから、お地蔵さんの頭にかさをあげてしまったよ。」と言うと、おばあさんはやさしく、「それはいいことをしましたね。お地蔵さんも暖かくなって、きっと喜んでいますよ。」と言いました。その夜、「今年のお正月は何にもないけれど、神様に許してもらいましょうね。」と二人は言って、「神様、今年は神様に何もあげられるものがなくて、ごめんなさい。来年は、二人でもっとがんばりますから、待っていてください。」と、祈りました。そして、二人は何もないので、すぐに寝てしまいました。

낱말과 표현

心配する 걱정하다 | **外** 밖 | **入る** 들어오다[가다] | **今日** 오늘 | **話** 이야기 | **聞かせる** 들려주다 | **見つける** 발견하다 | **やさしく** 상냥하게 | **いいことをする** 착한 일을 하다 | **暖かい** 따뜻하다 | **きっと** 반드시 | **喜ぶ** 기뻐하다 | **夜** 밤 | **今年** 올해 | **神様** 부처님, 하느님 | **許す** 용서하다 | **来年** 내년 | **もっと** 더, 더욱 | **がんばる** 노력하다 | **祈る** 기도하다 | **すぐに** 금방, 바로 | **寝る** 자다

そして、次の朝。遠くから不思議な声が聞こえてきました。「よいさのこらさ、どっこいしょ、こらさのこらさのどっこいしょ。」何か重い物を運んでいる声のようです。二人は「何だろう、こんなに早く。何をしているのだろう。こんなに早くから祭りはない…。」と言い、家の外に出てみました。すると、なんと、そこには大きいはこがドーンとおいてありました。はこの中には、お米や野菜がたくさん入っていました。「あぁ、あのお地蔵さんが持って来てくれたんだね。」と、おじいさんとおばあさんは遠くを見ました。そこには、雪の中にだんだんと遠くなっていく六つのお地蔵さんがいました。それを見ながら、二人は静かにお礼を言いました。「お地蔵さん、わざわざ来てくださって、ありがとうございました。おかげでいいお正月になります。本当にありがとうございました。」

낱말과 표현

次の朝 다음날 아침 | **遠く** 멀리, 먼 곳 | **不思議** 신기함, 이상함 | **声** 목소리 | **聞こえる** 들리다 | **重い** 무겁다 | **物** 물건 | **運ぶ** 나르다 | **早く** 이른 시각 | **祭り** 축제 | **はこ** 상자 | **ドーン** 쿵 | **おく** 놓다 | **お米** 쌀 | **野菜** 야채 | **たくさん** 많이 | **だんだん** 점점, 차차 | **静かに** 조용하게 | **お礼を言う** 감사를 드리다 | **わざわざ** 일부러 | **おかげで** 덕분에 | **本当に** 정말로

まとめましょう

01 ～ので ～이기 때문에, ～이라서

明日(あした)はお正月(しょうがつ)なので、近所(きんじょ)の家(いえ)からぺったんぺったんとおもちをつく音(おと)が聞(き)こえてきます。

내일은 설날이기 때문에 근처의 집에서 쿵덕쿵덕 떡 찧는 소리가 들려옵니다.

～ので는 이유나 원인을 나타냅니다. ～から 보다는 좀 더 완곡하고 부드러운 느낌입니다.

～ので를 사용할 때 가장 주의해야 하는 것은 바로 접속 방법입니다.

- 동사 : 동사의 보통체 + ので
- い형용사 : い형용사의 보통체 + ので
- な형용사 : な형용사의 어간 + なので (현재시제)
- 명사 : 명사 + なので(현재시제)

な형용사와 명사의 경우는 ～なので의 형태로 연결됩니다. 이것은 오직 현재시제에서 사용할 때만 그렇고 과거시제에서는 보통체에 접속합니다. 여기서 보통체라고 하는 것은 반말 표현을 뜻합니다.

···▸ 雨(あめ)が降(ふ)っているので、家(いえ)にいます。 비가 내리기 때문에 집에 있습니다.

···▸ パーティーはとても楽(たの)しかったので、いい思(おも)い出(で)になりました。
파티는 매우 즐거웠기 때문에 좋은 추억이 되었습니다.

···▸ まだ子供(こども)なのでわがままです。 아직 어린아이라서 제멋대로입니다.

···▸ 今日(きょう)は暇(ひま)なので遠(とお)くまで散歩(さんぽ)に行(い)きました。
오늘은 한가해서 멀리까지 산책를 갔습니다.

···▸ とても高(たか)かったので買(か)えませんでした。 매우 비싸서 살 수 없었습니다.

02 보통체

- じゃあ、私(わたし)が町(まち)に行(い)って、たきぎを売(う)ってくるよ。
  그럼, 내가 읍내에 가서 장작을 팔아 오겠소.
- やれやれ、だいぶ遅(おそ)くなったな。 이런이런, 꽤 늦었군.
- あぁ、困(こま)ったな。 아아, 곤란해.

보통체는 쉽게 말해 반말 표현입니다. 예를 들면 '먹다'와 '먹습니다'라는 두 가지 표현을 보면 '먹다'는 보통체이고 '먹습니다'는 정중체입니다. 보통체가 중요한 이유는 활용 면에서 보통체에 접속하기 때문입니다.

	보통체	정중체
동사	行(い)く 行った 行かない	行きます 行きました 行きません
い형용사	おいしい おいしかった	おいしいです おいしかったです
な형용사	元気(げんき)だ 元気だった	元気です 元気でした
명사	雪(ゆき)だ 雪だった	雪です 雪でした

보통체 뒤에 ～の를 붙이면 '~것'이라는 표현입니다. 정중체 다음에는 ～の를 붙일 수 없습니다.

行(い)くのです (◯)	行きますの (X)
おいしいのです (◯)	おいしいですの (X)
元気(げんき)だったのです (◯)	元気でしたの (X)
雪(ゆき)だったのです (◯)	雪でしたの (X)

* 다만 이 경우에도 な 형용사 현재시제에 ～の를 연결할 경우 ～なの의 형태가 됩니다.

元気(げんき)なのです (◯) / 好(す)きなのです (◯) / きれいなのです (◯)

03 ~ために ~위해서

たきぎを売るために、大きな声を出しました。

장작을 팔기 위해 큰 목소리를 내었습니다.

ために는 두 가지 의미가 있습니다. 첫 번째는 '~때문에' 두 번째는 '~위해서'입니다. 여기서는 '~위해서'의 의미로 사용되었습니다.

⋯▸ 朝早く起きるために夜早く寝ます。
아침 일찍 일어나기 위해서 밤에 일찍 잡니다.

⋯▸ 大学に受かるために一生懸命勉強しました。
대학에 합격하기 위해서 열심히 공부했습니다.

⋯▸ やせるためにダイエットをしています。
살을 빼기 위해 다이어트를 하고 있습니다.

04 ~し ~고

- **困ったな。このまま家にも帰れないし…。**
  이런. 이대로 집에도 돌아갈 수 없고......
- **こんなに早くから祭りはないし、**
  이렇게 일찍부터 축제는 없을 테고,

문장을 나열할 때 ~し를 사용합니다. 접속은 주로 보통체 + し의 형태로 사용합니다.

⋯▸ 今日は雨だし、風も強いからハイキングは止めましょう。
오늘은 비가 오고 바람도 강하니까 하이킹은 그만둡시다.

⋯▸ この部屋は日当たりもいいし、駅から近いし、家賃も安いです。
이 방은 햇볕도 잘 들고 역에서 가깝고 집세도 쌉니다.

⋯▸ 彼は最近ご飯も食べないし、毎日お酒ばかり飲んでいます。
그는 최근 밥도 먹지 않고 매일 술만 마시고 있습니다.

확인 문제

초급 02 こたえましょう

1 おじいさんは、町に何をしに行きましたか。

① たきぎを買いに行った

② おもちを買いに行った

③ たきぎを売りに行った

④ おもちを売りに行った

2 おじいさんと男の人は何をしようと話しましたか。

① 売れ残ったものを家に持って帰ろう

② たきぎとかさを交換しよう

③ 家に帰るのをやめよう

④ 持っているものを全部売ってから家に帰ろう

3 おじいさんは、どうして急いで家に帰ろうとしましたか。

① おばあさんに怒られるのが怖かったから

② 外が暗くなって怖かったから

③ 早くお正月の準備をしたかったから

④ 遅くなったのでおばあさんが心配していると思ったから

4 おじいさんがたきぎの代わりにもらったかさはいくつでしたか。

① 四つ　　② 五つ

③ 六つ　　④ 七つ

5　おじいさんとおばあさんが聞いた不思議な声は、どんな声でしたか。

① お地蔵さんが重い物を運ぶ声
② お地蔵さんのお祭りの声
③ 近所の人のお正月のお祭りの声
④ 近所の人が重いものを運ぶ声

6　どうして近所の家ではおもちをついていましたか。

7　おじいさんとおばあさんはどうしてお正月の準備ができませんでしたか。

8　おじいさんが町で会った男の人は何をしていましたか。

9　おじいさんは、自分の持っていたかさを誰にあげましたか。

10　お地蔵さんは、かさのお礼に何をしましたか。

초급 03

ねずみの嫁(よめ)入(い)り

쥐의 시집가기

むかしむかし、あるねずみさんの家に、とてもかわいい娘がいました。娘はそろそろ結婚する年になったので、近所の人たちが「ぜひうちの嫁にもらいたい。」と、頼み[1]にきました。でも、お父さんとお母さんは「こんなかわいい娘を普通の家にあげるのは残念だ。やはり、娘が結婚する人は、世界で一番立派な方じゃなければいけない。」と、思っていました。「お母さん、うちの娘にピッタリ合うおむこさんは誰だろうね。」と、お父さんが尋ねると、「世界で一番立派な方は、世界中を明るくすることができるお日さまでしょうね。お日さまにもらって頂いたら、一番いいですよ。」と、お母さんは答えました。

낱말과 표현

ねずみ 쥐 | 嫁入り 시집감 | ある 어떤 | かわいい 귀엽다 | 娘 딸 | そろそろ 슬슬 | 結婚する 결혼하다 | 年 나이 | 近所 근처, 이웃 | 人たち 사람들 | ぜひ 부디, 꼭 | うち (우리) 집 | 嫁 며느리, 신부 | もらう 받다 | 頼む 부탁하다 | こんな 이런 | 普通 보통 | あげる 주다 | 残念 억울함, 아쉬움 | やはり 역시 | 世界 세계 | 一番 가장, 제일 | 立派 훌륭함 | 方 분 | ピッタリ 꼭 맞음, 딱 맞음 | 合う 맞다, 어울리다 | おむこうさん 신랑, 사윗감 | 尋ねる 묻다 | 世界中 전세계 | 明るく 밝게 | お日さま 해님 | 頂く 받다(もらう의 겸양어) | 答える 대답하다

お父さんは、お日さまに大きい声でお願いしました。「お日さま、あなたは世界中を明るくすることができます。だから、世界で一番強くて立派な方です。あなたに私のかわいい娘をもらって[2]てほしいんです。」と言いました。すると、お日さまが言いました。「それはありがとうございます。でも、私よりもっとすごい方がいますよ。」お父さんねずみは「へえ、お日さまより強くてすごい方がいるんですか。それは誰ですか。」と、尋ねると、「それは雲さんですよ。私が[3]いくらがんばっても、雲さんが私の前に来てしまったら、もう世界中を明るくできないからね。」とお日さまが言いました。「そうか、なるほど。」と、お父さんとお母さんは思いました。

낱말과 표현

声 목소리 | **お願いする** 부탁하다 | **だから** 그러니까 | **強い** 강하다 | **もっと** 더, 더욱 | **すごい** 대단하다 | **雲** 구름 | **がんばる** 노력하다 | **なるほど** 과연 | **思う** 생각하다

次に、雲さんに会いに行きました。「雲さん、あなたはお日さまより力が強くて立派な方です。娘をもらってください。」と、お願いしました。すると、雲さんが言いました。「いいえ、そんなことはない。私よりも風さんの方がずっと強くてすごい方ですよ。風さんがやってきて、ふぅーと吹くと、いくらがんばっても、私は遠くへ飛んで行ってしまうからね。」と、言いました。その時、ビューと風が吹いて、風さんがやってきました。「ヒャー！」雲さんは風さんの力で、遠くへ飛んで行ってしまいました。ねずみのお父さんとお母さんは、「なるほど。」と思いました。

낱말과 표현

次に 다음으로, 뒤이어 | 力 힘 | すると 그러자 | 風 바람 | ずっと 훨씬 | ふぅー 후 | 吹く 불다 | やってくる 오다, 다가오다 | 遠く 멀리, 먼 곳 | 飛ぶ 날다 | ビュー 휙

そして、今度は風さんにお願いしました。「世界で一番すごい風さん、娘をもらってください。」すると、風さんは「いいえ、そんなことはない。よく考えてください。私より強いのはかべさんですよ。私が[3]いくら強く吹いても、ちっとも動かないからね。いくぞ、ビューーー。」かべさんは風さんにビューとされても、涼しい顔で笑っていました。ねずみのお父さんとお母さんは、今度はかべさんに言いました。「世界で一番強いかべさん、私の娘をもらってください。」すると、かべさんは「いいえ、私よりずっと強くて立派なのは、ねずみさんですよ。私がいくらがんばっても、ねずみさんの歯には勝てませんよ。すぐにかじられて、あながてきてしまうからね。」と言いました。

낱말과 표현

考える 생각하다 | **かべ** 벽 | **ちっとも** 조금도 | **動く** 움직이다 | **涼しい** 시원하다 | **顔** 얼굴 | **笑う** 웃다 | **今度** 이번, 이 다음 | **歯** 이 | **勝てる** 이길 수 있다(가능형) | **すぐに** 바로 | **かじる** 이로 갉다, 갉아먹다 | **あながてきる** 구멍이 생기다

ねずみのお父(とう)さんとお母(かあ)さんは「なるほど、なるほど。」そして、にっこり笑(わら)って、「そうか！世界(せかい)で一番立派(いちばんりっぱ)なのは、やっぱりねずみだったのか。どうして今(いま)まで気(き)がつかなかったんだろう。」

「じゃあ、娘(むすめ)が結婚(けっこん)するのは、やっぱりねずみにしましょうよ。」と、お父(とう)さんとお母(かあ)さんは決(き)めました。それから、近所(きんじょ)のとても立派(りっぱ)なねずみさんと娘(むすめ)を結婚(けっこん)させました。そうして、ねずみさんたちはみんな幸(しあわ)せになりました。

낱말과 표현

にっこり 생긋 | やっぱり 역시 | 今まで 지금까지 | 気がつく 알아채다 | 決める 정하다 | それから 그리고 나서 | そうして 그리하여 | みんな 모두 | 幸せに 행복하게

01 ～にくる ～하러 오다

近所(きんじょ)の人(ひと)たちが「ぜひうちの嫁(よめ)にもらいたい。」と、頼(たの)みにきました。

근처의 사람들이 "부디 우리 집 며느리로 주게나"라고 부탁하러 왔습니다

동사의 ます형 + にくる의 형태로 '~하러 오다'라는 표현입니다. '~하러 가다'는 동사의 ます형 + にいく를 사용합니다.

…› 毎日(まいにち)、彼女(かのじょ)に会(あ)いにきます。
매일 그녀를 만나러 옵니다.

…› このプールは多(おお)くの子供(こども)が泳(およ)ぎにきます。
이 풀장은 많은 아이들이 수영하러 옵니다.

…› 今週(こんしゅう)の日曜日(にちようび)、映画(えいが)でも見(み)にいきませんか。
이번 주 일요일, 영화라도 보러 가지 않겠습니까?

02 ～てほしい ～해 주길 바란다

あなたに私(わたし)のかわいい娘(むすめ)をもらってほしいんです。

당신이 저의 귀여운 딸을 받아 주기 바랍니다.

상대방에게 뭔가를 부탁하거나 명령할 때 사용합니다. 정중하지만 조금은 딱딱한 표현입니다.

…› あなたにわかってほしい。
당신이 이해해 주길 바란다.

…› 雨(あめ)が降(ふ)ってきたから駅(えき)まで迎(むか)えに来(き)てほしい。
비가 오니까 역까지 마중나와 주길 바래.

…› 早(はや)く元気(げんき)になってほしいです。
빨리 건강해지길 바랍니다.

03 いくら~ても 아무리 ~해도

- 私がいくらがんばっても、雲さんが私の前に来てしまったら、
  제가 아무리 노력해도 구름님이 제 앞으로 와 버리면,

- 私がいくら強く吹いても、ちっとも動かないからね。
  제가 아무리 강하게 불어도 조금도 움직이지 않으니까요.

いくら~ても(でも) 는 강조를 나타내며, 비슷한 표현으로 どんなに~ても(でも)가 있습니다.

⋯▸ いくら好きでも毎日食べたら体によくありません。

아무리 좋아해도 매일 먹으면 몸에 좋지 않습니다.

⋯▸ 私がいくら努力しても彼には勝てません。

내가 아무리 노력해도 그를 이길 수는 없습니다.

⋯▸ どんなに急いでも間に合いません。 아무리 서둘러도 제 시간에 댈 수 없습니다.

04 ~せる/~させる ~하게 하다, ~시키다

それから、近所のとても立派なねずみさんと娘を結婚させました。
그리고 근처의 매우 훌륭한 쥐와 딸을 결혼시켰습니다.

'~하게 하다, ~시키다'라는 사역의 표현입니다. 접속방법은,

1그룹 동사 : 동사 어미 [u]단을 [a]단으로 바꾸고 + せる

2그룹 동사 : 어미 [る]를 떼고 + させる

3그룹 동사 : する → させる

くる → こさせる

⋯▸ 中村さんがみんなを笑わせました。 나카무라 씨가 모두를 웃게 했습니다.

⋯▸ 母親が子供に薬を飲ませました。 엄마가 아이에게 약을 먹였습니다.

⋯▸ 先生が学生に答えさせました。 선생님이 학생에게 대답하게 했습니다.

확인 문제

초급 03 こたえましょう

1 どうしてお父さんは普通の家に娘をあげたくないと思いましたか。

① 娘がかわいくて、もったいないと思ったから

② 娘が普通のねずみはいやだと言ったから

③ 普通のねずみが娘はいやだと言ったから

④ 立派なねずみと結婚させたかったから

2 お父さんとお母さんは、どうして雲さんのところへ行きましたか。

① お日さまは娘がいやだと言ったから

② お日さまよりも雲さんが立派だと思ったから

③ 雲さんは、お日さまが自分より立派だと思ったから

④ お日さまが、もう世界中を明るくすることができなくなったから

3 雲さんが自分よりも立派だと言ったのは誰ですか。

① お日さま

② 風さん

③ かべさん

④ ねずみさん

4 お父さんとお母さんが、最後に一番立派だと決めたのは誰ですか。

① 風さん
② 雲さん
③ かべさん
④ ねずみさん

5 ねずみさんの近所の人たちはねずみさんに何を頼みに来ましたか。

6 お父さんとお母さんは、娘をどんな人と結婚させたいと思っていましたか。

7 お母さんは、どうしてお日さまが世界で一番立派だと思いましたか。

8 雲さんの言ったことに、お父さんとお母さんが「なるほど」と思ったのはどうしてですか。

9 ねずみさんの娘は最後は誰と結婚しましたか。

초급 04

塩吹きうす

소금이 나오는 맷돌

むかしむかし、あるところに、お父さんと二人の息子が住んでいました。お父さんは馬を50頭と牛1000頭持っていました。ある日、お父さんは働きすぎで病気になってしまいました。お父さんは息子二人を呼んで、「私が死んだら、二人で馬と牛は半分ずつにしなさい。」と言って、死んでしまいました。欲張りなお兄さんは、お父さんの言ったことを忘れて、弟に馬を10頭と牛を20頭しかあげませんでした。そして、残った馬と牛は、お兄さんが全部もらってしまいました。でも、おとなしい弟はお兄さんに何も言わず、一生懸命働きました。

낱말과 표현

塩 소금 | **吹く** 뿜다, 솟아나다 | **うす** 맷돌 | **二人** 두 사람 | **息子** 아들 | **住む** 살다 | **馬** 말 | **～頭** ~마리 | **牛** 소 | **持つ** 가지다, 소유하다 | **働きすぎる** 과로하다 | **病気** 병 | **呼ぶ** 부르다 | **死ぬ** 죽다 | **半分ずつ** 절반씩 | **欲張り** 욕심쟁이 | **お兄さん** 형, 오빠 | **忘れる** 잊다 | **弟** 남동생 | **～しか** ~밖에 | **そして** 그리고 | **残る** 남다 | **全部** 전부 | **もらう** 받다 | **おとなしい** 얌전하다 | **何も言わず** 아무말도 하지 않고 | **一生懸命** 열심히 | **働く** 일하다

すると、ある日、白いひげのおじいさんが弟を訪ねてきました。「私は神様に頼まれて来たのですが、馬と牛を15頭貸してもらえないでしょうか。」と言いました。「神様のため[2]なら、喜んで差し上げます。」と弟は言って、白いひげのおじいさんに馬と牛をすぐに渡し[1]てあげました。おじいさんは喜んで、「ありがとうございます。でも、こんなにたくさんもらうのは悪いから、代わりにこの石うすをあげましょう。」と言い、そして、「これは普通の石うすではありません。自分のほしい物の名前を言って、ぐるぐる回すと、何でも出てくる魔法のうすですよ。」と言いました。「そんな特別なものを、ありがとうございます。」と弟はお礼を言いました。

낱말과 표현

白い 하얗다 | **ひげ** 수염 | **おじいさん** 할아버지 | **訪ねる** 방문하다 | **神様** 하느님 | **頼まれる** 부탁받다 | **貸す** 빌리다 | **~のためなら** ~위해서 라면 | **喜んで** 기쁘게, 기꺼이 | **差し上げる** 드리다, 바치다 | **すぐに** 바로, 금방 | **渡す** 건네다 | **喜ぶ** 기뻐하다 | **悪い** 나쁘다, 미안하다 | **代わりに** 대신에 | **石うす** 돌 맷돌 | **普通** 보통 | **自分** 자기 자신 | **ほしい** 갖고 싶다 | **物** 물건 | **名前** 이름 | **ぐるぐる** 빙글빙글 | **回す** 돌리다 | **出てくる** 나오다 | **魔法** 마법 | **特別** 특별함 | **お礼を言う** 감사의 말을 하다

そして、弟は石うすを回してみました。「米よ、出ろ出ろ！」と言うと、米がざっくり出てきました。「おいしいお菓子、出ろ出ろ！」と言うと、お菓子が出てきます。「これはなんてすばらしい石うすだろう。みんなを呼んで、ごちそうしてあげよう！」と思って、弟はみんなを呼んできました。「さとう、出ろ出ろ！お菓子、出ろ出ろ！」と言うと、どんどん言ったものが出てくるので、「あぁ、おもしろい！すごいね！」と、みんなとても喜んで、ムシャムシャ、ポリポリ食べました。「今度は甘いものじゃなくて、辛いものも出るかな。」と言うと、辛いものも出てきました。弟はうれしくなって、「じゃあ、今度は塩を出しましょう。塩よ、出ろ出ろ！」と言ってみると、やはりどっさり出てきました。

낱말과 표현

米 쌀 | **出る** 나오다 | **ざっくり** 우르르 | **おいしい** 맛있다 | **お菓子** 과자 | **何て** 얼마나 | **すばらしい** 멋지다, 훌륭하다 | **みんな** 모두 | **ごちそうする** 대접하다 | **さとう** 설탕 | **どんどん** 자꾸자꾸 | **おもしろい** 재미있다 | **すごい** 대단하다 | **ムシャムシャ** 우적우적 | **ポリポリ** 아작아작 | **今度** 이번, 이 다음 | **甘い** 달다 | **辛い** 맵다 | **うれしい** 기쁘다 | **出す** 내다, 내놓다 | **やはり** 역시 | **どっさり** 잔뜩, 듬뿍

お兄さんは弟がぐるぐると石うすを回すのをずっと見ていました。お兄さんは石うすがとてもほしくなりました。そして、弟がちょっといなくなったとき、お兄さんは石うすの前にやってきて、「この石うすは私のものだ、もらったよ！」と言うと、弟の石うすを持って行ってしまいました。弟はびっくりして、急いでお兄さんの後を走って行きました。「お～い、お兄さん！ひどいよ。私の石うすを返して。大事な石うすなんだから返して！」と、大きな声で言いました。しかし、お兄さんはどんどん遠くに逃げて行きました。そして、海につくと、船に乗って、急いで行ってしまいました。お兄さんを見ながら、弟は悲しくて泣きました。

낱말과 표현

ずっと 계속 | **ちょっと** 잠깐, 잠시 | **やってくる** 오다, 다가오다 | **びっくりする** 놀라다 | **急ぐ** 서두르다 | **後** 뒤 | **走る** 달리다 | **ひどい** 심하다 | **返す** 돌려주다 | **大事** 소중함 | **声** 목소리 | **遠く** 멀리, 먼 곳 | **逃げる** 도망가다 | **海** 바다 | **つく** 도착하다 | **船** 배 | **～に乗る** ~를 타다 | **見ながら** 보면서 | **悲しい** 슬프다 | **泣く** 울다

「ああ、よかった。ここまでは追いかけてこられないだろう。」と、お兄さんは笑いました。すると、石うすはピューと塩を吹き出して止まらなくなりました。「ああ、何だ？何が起きたんだ。ああ、どうしよう。止め方がわからないよ！」と、お兄さんは困りました。すぐに船は塩でいっぱいになり、重くて沈みそうです。「大変だ！沈んでしまう！石うす[3]止まれ、止まれ！」と大きな声で言いました。けれども、止める言葉がわかりません。石うすはぐるぐる回り[4]つづけました。塩がどっさりと出て、重くてブクブク沈んでいきます。「た、た、助けてくれ～！助けてくれ～！」でも、まわりには誰もいません。とうとうお兄さんは石うすと一緒に沈んでしまいました。今でも石うすは海の深いところでぐるぐる回りながら、塩を出しているのでしょう。それで、海の水は塩辛いのだそうです。

낱말과 표현

追いかける 뒤쫓아가다, 추격하다 | 笑う 웃다 | ピュー 휙 | 吹き出す 내뿜다 | 止まる 멈추다, 멎다 | 起きる 일어나다 | 止め方 멈추는 법 | 困る 곤란하다 | いっぱい 가득 | 重い 무겁다 | 沈む 가라앉다 | 大変 큰일 | 止める 멈추다, 멎게 하다 | 言葉 말 | 回りつづける 계속 돌다 | ブクブク 부글부글 | 助ける 돕다 | でも 하지만 | まわり 주변 | とうとう 결국 | 一緒に 함께 | 今でも 지금도 | 深い 깊다 | ところ 곳 | それで 그래서 | 海の水 바닷물 | 塩辛い 짜다

문형과 문법

중급 04 まとめましょう

01 ～てあげる ～해 주다

弟(おとうと)は言(い)って、白(しろ)いひげのおじいさんに馬(うま)と牛(うし)をすぐに渡(わた)してあげました。

남동생은 말하고, 하얀 수염의 할아버지에게 말과 소를 바로 건네 드렸습니다.

'내가 혹은 남이 남에게 ~해 주다'라는 표현입니다. 남에게 어떤 동작을 해 줄 경우에 사용합니다. '남이 나에게 ~해 주다'의 경우는 ～てくれる를 사용합니다.

…› 木村(きむら)さんは友達(ともだち)の荷物(にもつ)を持(も)ってあげました。
기무라 씨는 친구의 짐을 들어 주었습니다.

…› パクさんはジンさんにノートを見(み)せてあげました。
박 씨는 진 씨에게 노트를 보여 주었습니다.

…› 妹(いもうと)は林(はやし)さんにおもしろい本(ほん)を貸(か)してあげました。
여동생은 하야시 씨에게 재미있는 책을 빌려 주었습니다.

02 ～なら ～라면

神様(かみさま)のためなら、喜(よろこ)んで差(さ)し上(あ)げます。

하느님을 위해서라면 기꺼이 드리겠습니다.

화자의 충고나 의지, 의뢰, 권유에 대한 표현을 할 때 사용합니다.

…› 日本旅行(にほんりょこう)なら京都(きょうと)がいいです。
일본여행이라면 교토가 좋습니다.

…› もし暇(ひま)なら映画(えいが)でも見(み)に行(い)きませんか。
만약 한가하시다면 영화라도 보러 가지 않겠습니까?

…› 携帯電話(けいたいでんわ)を買(か)うなら新型(しんがた)で軽(かる)いのがいいです。
휴대전화를 산다면 신형이고 가벼운 것이 좋습니다.

03 명령문

大変(たいへん)だ！沈(しず)んでしまう！石(いし)うす止(と)まれ、止(と)まれ！

큰일이다! 가라앉아 버린다! 맷돌아 멈춰, 멈춰!

일본어에서는 그다지 명령형을 사용하지 않습니다만 전혀 사용하지 않는 것은 아닙니다.

명령형의 접속은 다음과 같습니다.

1그룹 동사: 동사의 어미 [u]단을 [e]단으로 고친다.

2그룹 동사: 동사의 어미[る]를 떼고 [ろ]나 [よ]를 붙인다.

3그룹 동사: する → せよ、しろ

くる → こい

···▸ もっと働(はたら)け！ 더 일해!

···▸ 早(はや)く食(た)べろ！ 빨리 먹어!

···▸ 朝(あさ)だ！起(お)きろ！ 아침이다! 일어나!

04 ～つづける 계속해서 ~하다

石(いし)うすはぐるぐる回(まわ)りつづけました。

맷돌은 빙글빙글 계속 돌았습니다.

복합동사의 표현으로 동사의 ます형에 접속합니다. 동작이 계속될 경우에 사용합니다.

···▸ あかちゃんは泣(な)きつづけました。 아기는 계속 울었습니다.

···▸ 人口(じんこう)は増(ふ)えつづけています。 인구는 계속 늘고 있습니다.

···▸ その件(けん)について話(はな)しつづけました。 그 사항에 대해 계속 이야기했습니다.

확인 문제

초급 04 こたえましょう

1 お父さんが死ぬ前に言ったことは次のうちどれですか。

① 馬は兄に２５頭、弟に２５頭で分けなさい

② 馬は兄に４０頭、弟に１０頭で分けなさい

③ 馬は兄に全部あげなさい

④ 馬は弟に１０頭だけあげなさい

2 弟のところに訪ねて来たおじいさんは、弟にどんなお願いをしましたか。

① 馬と牛を１５頭貸してほしい

② 馬と牛を１５頭譲ってほしい

③ 馬と牛を石うすと交換してほしい

④ 馬と牛を全部渡してほしい

3 弟がうすで出したものではないのはどれですか。

① 米　　② 牛

③ お菓子　　④ 塩

4 どうしてお兄さんは石うすがほしいと思ったのですか。

① 弟が石うすをとても楽しそうに回していたから

② 石うすを使って自分も魔法を使いたかったから

③ 友達に見せて自慢したかったから

④ 石うすがとてもきれいだったから

5 船に乗った後でお兄さんが笑ったのはどうしてですか。

① 弟が泣いているのを見てうれしかったから
② 弟がもう追いかけてこられないと思ったから
③ 石うすを使って自分の好きなものを出すことができたから
④ 石うすから塩が吹き出すのを見てうれしかったから

6 お父さんはどうして病気になりましたか。

7 お兄さんはどんな性格ですか。

8 弟がおじいさんにもらったうすはどんなうすでしたか。

9 石うすを手に入れたお兄さんが困ったのはどうしてですか。

10 どうして海の水は塩辛いのですか。

중급 05

鶴(つる)の恩(おん)返(がえ)し

은혜 갚은 학

昔々、あるところに、おばあさんと息子が二人で住んでいました。ある日、二人が畑仕事をしていると、一羽の鶴が降りて来ました。「あれ、どうしたんだろう。どこか様子がおかしいぞ。行ってみよう。」と二人は言い、近くに行ってみると、鶴が足と羽にけがをしていました。「痛そうだね。かわいそうだから家に連れて行って、けがを治してやろう。」と言って、鶴を家に連れて帰りました。数日経つと、鶴は元気になり、羽を大きく広げて、青空に帰って行きました。「よかった、よかった。気をつけて行けよ。」と、二人は遠くなっていく鶴に言いました。

낱말과 표현

恩返し 은혜를 갚음, 보은 | **畑仕事** 밭일 | **一羽** 한 마리 | **鶴** 학 | **降りる** 내려오다 | **様子** 모습 | **おかしい** 이상하다 | **近く** 근처 | **足** 발, 다리 | **羽** 날개 | **けがをする** 다치다, 상처를 입다 | **かわいそうだ** 불쌍하다, 가엽다 | **連れる** 데리고 가다[오다] | **治す** 고치다 | **数日** 며칠 | **経つ** (시간이) 흐르다 | **元気** 건강함, 활발함 | **広げる** 펼치다 | **青空** 파란 하늘 | **気をつける** 조심하다

それから何日か過ぎたある日の夜、家の門をトントンと叩く音がしました。おばあさんが開けてみると、そこには一人の娘が立っていました。「こんな夜遅くすみません。実は道に迷ってしまったんです。できれば今晩泊め[1]てくれませんか。」と言いました。

「まあ、こんなに寒い晩にそれは大変だね。さあ、中に入りなさいよ。」と、おばあさんは娘を部屋に入れてあげました。娘にお茶を出して、顔を見てみると、とてもきれいでかわいい娘でした。おばあさんは娘をとても気に入りました。そして、娘に言いました。

「あなたのようなかわいい娘が家にいたらいいね。うちの息子はまだ嫁がなくてね。よかったら、息子のお嫁さんになってくれないかね。」すると、娘は顔を赤くしながら「はい。私を嫁にしてください。」と答えました。おばあさんと息子は喜んで娘を迎えました。

낱말과 표현

過ぎる (시간이) 지나다 | **門** 문 | **トントン** 똑똑 | **叩く** 두드리다 | **音がする** 소리가 나다 | **開ける** 열다 | **娘** 처녀 | **立つ** 서다 | **実は** 실은 | **道に迷う** 길을 잃다 | **今晩** 오늘 밤 | **泊める** 묵게 하다, 재우다 | **大変** 큰일 | **部屋** 방 | **お茶を出す** 차를 내다 | **顔** 얼굴 | **きれい** 예쁨 | **気に入る** 마음에 들다 | **嫁** 신부 | **赤い** 빨갛다 | **答える** 대답하다 | **喜んで** 기쁘게, 기꺼이 | **迎える** 맞이하다

お嫁さんになった娘は心がやさしくて働き者でした。そして、お母さんと息子によくしてあげました。しかし、家はなかなか豊かになりませんでした。おばあさんは、娘に言いました。「あなたのようなかわいい嫁が来たのに、ずっと貧しくてごめんね。」息子も「おまえにはいい服も買ってあげられ[2]ず、苦労をさせるね。」と言いました。しかし、娘は「いいえ、私は大丈夫です。私は何もできないけれど、一つだけできることがあるんです。それははた織りです。これをすれば、少しでも生活を助けられます。お母さんのはた織り部屋を貸してください。」と言いました。「私はもう年を取ってはた織りはできないから好きなように使いなさい。」と言って、おばあさんは娘にはた織り部屋を譲りました。「今日からさっそくはた織りを始めますが、一つだけ約束してください。私がはた織りをする[3]ところを絶対に見ないでください。」と娘は言うと、朝から晩まで、部屋に入ってバッタンバッタンと、一生懸命はた織りを続けました。

낱말과 표현

心 마음 | やさしい 상냥하다 | 働き者 부지런한 사람 | しかし 그러나 | なかなか 좀처럼 | 豊か 풍족함 | 貧しい 가난하다 | 苦労をさせる 고생시키다 | 大丈夫 괜찮음, 걱정없음 | はた織り 베짜기 | 絶対に 절대로 | 生活 생활 | 助けられる 도울 수 있다 | 貸す 빌리다 | 年を取る 나이를 먹다 | 好き 좋아함 | 譲る 물려주다 | さっそく 즉시 | 始める 시작하다 | 約束する 약속하다 | バッタンバッタン 덜커덕덜커덕 | 一生懸命 열심히 | 続ける 계속하다

何日もかかって娘が作った布は本当に立派なものでした。「どうしてあんなに立派な布を作れるんだろう。せめて一度でいいから、はた織りをしているところを見たいものだ。」と、おばあさんと息子は不思議に思いました。そして、二人はとうとう我慢できなくなって、娘との約束を破って、部屋の中を見てしまったのです。二人は「ああ、何てことだ！つ、、鶴だ！鶴がはた織りをしてる！」と叫びました。

낱말과 표현

かかる (시간이) 걸리다 | **布** 천 | **立派** 훌륭함 | **せめて** 적어도 | **不思議** 이상함, 신기함 | **我慢できない** 참을 수 없다 | **破る** (약속을) 깨다 , 어기다 | **叫ぶ** 외치다

そのとき、鶴がすぐ娘の姿になって出てきました。そして、「どうしてあんなに見ないでくださいと約束したのに…もうだめです。私の本当の姿がわかってしまったから、ここにいることはできません。実は、私はけがをしたあのときの鶴です。助けてもらったお礼に、ここにやってきたのです。今までお世話になりました。いろいろと本当にありがとうございました。」と娘は言うと、たちまち鶴に変わり、空へ向かって飛び立ちました。家の回りを何回も何回も回り、とてもさびしそうに、カウカウと鳴きながら飛んで行きました。

낱말과 표현

姿 모습 | **だめ** 안 됨, 허사임 | **お礼に** 답례로 | **お世話になる** 신세를 지다 | **いろいろ** 여러 가지 | **たちまち** 금세 | **変わる** 변하다 | **空** 하늘 | **～へ向かう** ~로 향하다 | **飛び立つ** 날아오르다 | **回り** 주변 | **何回も** 몇 번이고 | **回る** 돌다 | **さびしそうに** 쓸쓸한 듯이 | **カウカウ** 꺼억꺼억 | **鳴く** 울다

문형과 문법

중급 05 まとめましょう

01 ～てくれませんか ～해 주지 않겠습니까?

できれば今晩(こんばん)泊(と)めてくれませんか。
가능하다면 오늘 밤 재워 주지 않겠습니까?

상대방에게 뭔가를 부탁할 경우 ～てくれませんか를 사용합니다. 일본어에서 부정 표현으로 질문하면 훨씬 공손한 느낌이 됩니다.

···▸ ケーキの作(つく)り方(かた)を教(おし)えてくれませんか。
케이크 만드는 법을 가르쳐 주지 않겠습니까?

···▸ いいレストランを紹介(しょうかい)してくれませんか。
좋은 레스토랑을 소개해 주지 않겠습니까?

···▸ ちょっとペンを貸(か)してくれませんか。
잠시 펜을 빌려 주지 않겠습니까?

02 ～ず ～않고

おまえにはいい服(ふく)も買(か)ってあげられず、苦労(くろう)をさせるね。
당신에게는 좋은 옷도 사주지 못 하고 고생만 시키는군.

～ず는 부정을 나타내며 접속은 동사의 ない형에 붙습니다. ない보다는 조금 딱딱한 표현이라고 할 수 있습니다. 단 する동사는 せず로 변화합니다.

···▸ 妹(いもうと)は、一日中何(いちにちじゅうなに)も食(た)べず寝(ね)ている。
여동생은 하루종일 아무것도 먹지 않고 자고 있다.

···▸ 運動(うんどう)せず甘(あま)いものをたくさん食(た)べると太(ふと)ってしまいます。
운동하지 않고 단것을 많이 먹으면 살이 찝니다.

···▸ 彼(かれ)は何(なに)も言(い)わず帰(かえ)りました。 그는 아무말도 하지 않고 돌아갔습니다.

···▸ 手(て)を洗(あら)わず食事(しょくじ)をしました。 손을 씻지 않고 식사를 했습니다.

03 ～ところを ～것을, ～때, ～하는데

私がはた織りをするところを絶対に見ないでください。

제가 베 짜기를 하는 것을 절대로 보지 말아 주세요.

어떤 시점이나 장면, 상황의 단계를 나타내는 표현입니다. ～ところに의 형태로 표현되기도 합니다. 뜻은 '(마침) ～때에'라는 의미입니다.

…▸ 彼が喜んでいるところを見ると、合格したにちがいない。
그가 기뻐하고 있는 것을 보니 합격임에 틀림없다.

…▸ お忙しいところをおいでいただきまして、ありがとうございます。
바쁘신 중에 와 주셔서 고맙습니다.

…▸ スイカを食べようとしたところに、山田さんがやってきた。
마침 수박을 먹으려고 할 때, 야마다 씨가 왔다.

04 ～たいものだ ～하고 싶은 것이다

せめて一度でいいから、はた織りをしているところを見たいものだ。

적어도 한 번이라도 좋으니까 베 짜는 모습을 보고 싶은 거야.

강한 희망을 나타내는 표현입니다. '꼭 ～하고 싶다'는 마음을 강조할 때 사용합니다.

…▸ 夢の中でもいいから、彼女とデートしてみたいものだ。
꿈 속에서라도 좋으니까 그녀와 데이트해 보고 싶은 거다.

…▸ 休みの日にはのんびり過ごしたいものだ。
휴일에는 여유롭게 지내고 싶은 것이다.

…▸ 早く日本語がうまくなりたいものだ。
빨리 일본어가 능숙해지고 싶은 것이다.

확인 문제

중급 05 こたえましょう

1 どうして二人は鶴を家に連れて帰りましたか。

① 鶴にけがをさせてしまったことを悪いと思ったから

② 鶴が痛そうだったのでけがを治してあげたかったから

③ 二人で住むのはさびしいので鶴と一緒に住もうと思ったから

④ 鶴が家に連れて行ってくれと頼んだから

2 おばあさんは、娘にどんなお願いをしましたか。

① 一緒に働いてほしい　② 息子の嫁になってほしい

③ 息子によくしてあげてほしい　④ 仕事を手伝ってほしい

3 どうして二人は部屋の中を見てしまったのですか。

① 娘のように上手にはたを織る方法を知りたかったから

② 娘がとても立派な布を作るのを不思議に思ったから

③ 娘にしばらく会えなかったのがさびしかったから

④ 長い時間はたを織る娘のことが心配だったから

4 二人は、部屋の中で何を見ましたか。

① 鶴がはたを織っているところ　② 娘がはたを織っているところ

③ 鶴が娘の姿になるところ　④ 娘が怒っているところ

5 鶴はどうして空に飛び立ってしまいましたか。

① 二人が約束を破ったことに怒ったから

② もうはたを織ることができなくなってしまったから

③ 二人に出て行くように言われたから

④ 二人に自分の本当の姿を知られてしまったから

6 おばあさんと息子は畑仕事をしているとき、何を見つけましたか。

7 夜遅く、家の門を叩いた娘はどんな娘でしたか。

8 娘が生活を助けるためにしたいと言ったことは何ですか。

9 娘と二人がした約束はどんな約束でしたか。

10 息子の嫁にきた娘の本当の姿は、何でしたか。

중급 06

あかちゃんおじいさん

아기가 된 할아버지

昔々、あるところにおじいさんとおばあさんが住んでいました。おじいさんもおばあさんも、腰は曲がるし、歯も抜けて、目も少ししか見えなくなりました。「おばあさん、私は年を取った自分がつくづく嫌になったよ。もう一度若くなる方法はないかね。夢でもいいから。」とおじいさんが言うと、おばあさんは「私もそう思いますよ。私も元気になって若くなれ[1]たらね。」と言いました。

낱말과 표현

あかちゃん 아기 | **おじいさんとおばあさん** 할아버지와 할머니 | **腰** 허리 | **曲がる** 굽다 | **歯** 이, 치아 | **抜ける** 빠지다 | **目** 눈 | **見える** 보이다 | **年を取る** 나이를 먹다 | **自分** 자기 자신 | **つくづく** 정말, 아주 | **嫌** 싫음 | **若い** 젊다, 어리다 | **方法** 방법 | **夢** 꿈

ある日(ひ)、おばあさんは町(まち)に買(か)い物(もの)に行(い)きました。その間(あいだ)、おじいさんは庭(にわ)でお日(ひ)さまに当(あ)たったり、庭(にわ)の草(くさ)を取(と)ったりしていました。すると「ただいま！」と、おばあさんの声(こえ)が聞(き)こえました。急(いそ)いでおばあさんの方(ほう)を振(ふ)り返(かえ)って見(み)ると、若(わか)い娘(むすめ)が立(た)っているではありませんか。「ああ、何(なん)だ。おばあさんだと思(おも)ったら違(ちが)ったみたいだね。ところで、あなたはどなたですか。」とおじいさんは聞(き)きました。すると、若(わか)い娘(むすめ)は「ウフフ。おじいさん、私(わたし)ですよ。ここのおばあさんですよ。ほらほら。」と言(い)いました。おじいさんは、驚(おどろ)いて若(わか)い娘(むすめ)を上(うえ)から下(した)までジロジロ見(み)ました。若(わか)い娘(むすめ)はおばあさんの着物(きもの)を着(き)ていました。「あれ？やっぱりおばあさんに間違(まちが)いない。どうしてそんなに急(きゅう)に若(わか)くなったのか。びっくりすることがあるものだ。」とおじいさんは言(い)いました。

낱말과 표현

町 마을 | **買い物** 장보기 | **庭** 정원 | **お日さまに当たる** 햇볕을 쐬다 | **草を取る** 풀을 뽑다 | **聞こえる** 들리다 | **振り返る** 뒤돌아보다 | **立つ** 서다, 서 있다 | **違う** 다르다 | **ところで** 그런데 | **驚く** 놀라다 | **ジロジロ** 뚫어지게 | **着物** 옷 | **着る** 입다 | **やっぱり** 역시, 과연 | **～に間違いない** ~임에 틀림없다 | **どうして** 어떻게 | **急に** 갑자기 | **びっくりする** 깜짝 놀라다

おばあさんは不思議な出来事を話し始めました。「買い物の帰りに三本松のそばを通ったら、きれいなわき水があったんですよ。すごくおいしそうだったので、つい一口飲んだんです。そしたら、急に髪は黒くなるし、しわは伸びるし、腰も伸びて、目もよくなって、知らない[1] うちに急に若くなっていたんですよ。」と言いました。おじいさんは喜んで、「それはいい話だ。それが本当なら、私も若くなれるわ。さっそく私も行って来るから、待っていなさいよ。」と言って、出かけて行きました。

낱말과 표현

不思議 신기함, 이상함 | 出来事 사건 | 話し始める 말하기 시작하다 | 帰り 돌아옴, 돌아올 때 | 三本松 3그루의 소나무 | そば 옆, 곁 | 通る 지나다 | わき水 솟아나오는 물, 용수 | つい 무심코, 그만 | 一口 한입, 한 모금 | 飲む 마시다 | 髪 머리카락 | 黒い 검다 | しわ 주름 | 伸びる 펴지다 | 喜ぶ 기뻐하다 | さっそく 즉시, 당장 | 出かける 나가다

ところが、夕方(ゆうがた)になっても夜(よる)になっても、おじいさんが帰(かえ)って来(こ)ないので、おばあさんは心配(しんぱい)になりました。「おかしいね。こんな時間(じかん)になっても帰(かえ)って来(こ)ないなんて。何(なに)かあったのかしら。さがしに行(い)ってみよう。」と、おばあさんは見(み)に行(い)ってみる[2] ことにしました。おばあさんは若(わか)い娘(むすめ)のように元気(げんき)になったので、杖(つえ)もつかずに、走(はし)っておじいさんをさがしに行(い)きました。「おじいさ～ん、おじいさ～ん！どこ～！」と叫(さけ)びながら、おじいさんをさがしました。

낱말과 표현

ところが 그런데 | **夕方** 해질녘, 저녁때 | **心配** 걱정, 근심 | **さがす** 찾다 | **杖をつく** 지팡이를 짚다 | **～ずに** ~하지 않고(=ないで) | **走る** 뛰다 | **叫ぶ** 외치다

とうとう三本松につきました。しかし、おじいさんの姿はどこにもありません。ふと見ると、きれいなわき水のそばにあかちゃんが一人、「おぎゃ～おぎゃ～！」と泣いていました。お腹が空いている[3]ようです。よく見てみると、あかちゃんはおじいさんの着物を着ていました。おじいさんはたくさんの水を飲みすぎて、若くなる[4]どころかあかちゃんになってしまったのでした。「まあ！何でこんなことに…。」と、おばあさんは言いました。あかちゃんおじいさんは、ずっと泣き続けました。「いいこ、いいこ。さあ、泣かないで。」おばあさんはもう一度、おじいさんをあかちゃんから育てました。

낱말과 표현

とうとう 결국, 마침내 | **つく** 도착하다 | **姿** 모습 | **ふと** 우연히, 문득 | **泣く** 울다 | **腹が空く** 배가 고프다 | **たくさん** 많이 | **飲みすぎる** 너무 마시다, 과음하다 | **ずっと** 계속, 쭉 | **泣き続ける** 계속 울다 | **育てる** 키우다

문형과 문법

중급 06 まとめましょう

01 ～うちに ～동안에, ～사이에

腰も伸びて、目もよくなって、知らないうちに急に若くなっていたんですよ。

허리도 펴지고 눈도 좋아지고 나도 모르는 사이에 갑자기 젊어져 있는 거예요.

～うちに는 상태가 지속되는 시간 내에서 뭔가를 한다는 의미를 나타냅니다. 따라서 ～ている나 ～ない에 접속됩니다. ～ないうちに는 다음 상태로 넘어가기 직전의 상태를 나타냅니다. 해석은 '～전에'라고 하는 것이 좋습니다.

- コーヒーが冷めないうちに、どうぞ。 커피가 식기 전에 드세요.
- 夜が明けないうちに、出発した。 날이 새기 전에 출발했다.
- あかちゃんが寝ているうちに、掃除をしよう。
  아기가 자고 있는 동안에 청소를 하자.

02 ～ことにする ～하는 것으로 하다

おばあさんは見に行ってみることにしました。

할머니는 보러 가기로 했습니다.

자신의 의지에 따라 어떤 결심을 하거나 정했을 때 하는 표현입니다.

- 今日からタバコはやめることにしました。また、お酒も飲まないことにしました。
  오늘부터 담배를 끊기로 했습니다. 또 술도 마시지 않기로 했습니다.
- 失敗した責任を負って、彼はその仕事を辞めることにした。
  실패한 책임을 지고 그는 그 일을 그만두기로 했다.
- 健康のために、毎日ジョギングをすることにしました。
  건강을 위해서 매일 조깅을 하기로 했습니다.

03 ~ようです ~같습니다. 모양입니다.

お腹(なか)が空(す)いているようです。
배가 고픈 모양입니다.

추측이나 어떤 모습을 비유해서 나타낼 때 쓰는 표현입니다. 불확실한 추측 형태로 어떤 지식이나 정보에 의해 추측할 경우에 사용합니다.

···› 蚊(か)の泣(な)くような声(こえ)で答(こた)えた。 모기가 우는 듯한 목소리로 대답했다.

···› 彼(かれ)はどうも意志(いし)が弱(よわ)いようです。 그는 아무래도 의지가 약한 모양입니다.

···› 地震(じしん)のため、空港(くうこう)は大変(たいへん)な混雑(こんざつ)のようです。
지진 때문에 공항은 대단히 혼잡한 모양입니다.

04 ~どころか ~는커녕

お若(わか)くなるどころかあかちゃんになってしまったのでした。
젊어지기는커녕, 아기가 되어 버린 것이었습니다.

보통체 (혹은 명사) +どころか의 형태로 '~하기는커녕 오히려'라는 문장을 만듭니다. 뒷 문장을 강조합니다.

···› 仕事(しごと)が忙(いそが)しくて、友達(ともだち)に会(あ)うどころか、寝(ね)る時間(じかん)もない。
일이 바빠서 친구를 만나기는커녕, 잘 시간도 없다.

···› そのニュースを聞(き)いて、彼(かれ)は喜(よろこ)ぶどころか、逆(ぎゃく)に怒(おこ)り出(だ)した。
그 뉴스를 듣고 그는 기뻐하기는커녕 반대로 화를 내기 시작했다.

···› 風邪(かぜ)で、ご飯(はん)を食(た)べるどころか、飲(の)み水(みず)を飲(の)むこともできない。
감기 때문에 밥을 먹기는커녕 음료수를 마실 수도 없다.

확인 문제

중급 06 こたえましょう

1 おじいさんとおばあさんは、年を取ってどうなりましたか。

① 腰が曲がって、歯が抜けた

② 目が全然見えなくなった

③ 歯が抜けて、腰が痛くなった

④ 目が見えなくなって、歯が痛くなった

2 おじいさんが、娘はおばあさんに間違いないと思ったのはどうしてですか。

① 娘がとても若くて美しかったから

② 娘の顔がおばあさんのようだったから

③ 娘がおばあさんの着物を着ていたから

④ 娘がおばあさんの声を真似したから

3 おばあさんは、わき水を飲んでどうなりましたか。

① 腰が曲がった　　② 目が悪くなった

③ 髪が白くなった　　④ しわが伸びた

4 おばあさんの話を聞いて、おじいさんはどうしましたか。

① すぐわき水を飲みに行った

② すぐわき水を一口だけ飲んだ

③ すぐ町に買い物に行った

④ すぐわき水をとってきた

5 おばあさんがわき水のそばで見たものはどれですか。

① 着物を着たおじいさん

② 泣いているあかちゃん

③ 泣いているおじいさん

④ おじいさんが脱いだ着物

6 おじいさんとおばあさんが知りたかったのは何の方法ですか。

7 おばあさんが町で買い物をしている間、おじいさんは何をしていましたか。

8 どうしておばあさんは、おじいさんをさがすときに杖をつかなかったのですか。

9 どうしておじいさんはあかちゃんになってしまったのですか。

10 おばあさんは、あかちゃんになったおじいさんをどうすることにしましたか。

중급 07

かにのあだ討(う)ち

게의 복수

昔々、さるとかにが山へ遊びに行きました。かにはおいしそうなおにぎりを拾い、さるは柿の種を拾いました。「あぁ、いいもの拾った。これはおいしそうだ。早く食べよう！」と、かにが大きな口を開けて食べようとすると、さるはかにのおにぎりを食べたくなって、「かにさん、かにさん、そのおにぎりと私の柿の種を交換しようよ。」とさるが言うと、かには「とんでもない。柿の種なんて食べられないじゃないか。」と言いました。「でも、おにぎりは食べてしまっ[1]たら終わりだけど、柿の種は植え[1]たら甘い柿の実がどっさりなるよ。」とさるは言い、かにはちょっと考えました。そして、「そうか。柿の種っていいねえ。それじゃ交換しようよ。」と言って、かにはさっそくおにぎりとさるが拾った柿の種を交換しました。さるは「むしゃむしゃむしゃ。あ～、おいしかった。」と、すぐおにぎりを食べてしまいました。

낱말과 표현

かに 게 | **あだ討ち** 복수 | **さる** 원숭이 | **おにぎり** 주먹밥 | **拾う** 줍다 | **柿の種** 감나무 씨 | **口を開ける** 입을 벌리다 | **交換する** 교환하다 | **とんでもない** 당치도 않다 | **終わり** 끝 | **植える** 심다 | **甘い** 달다 | **実** 열매 | **どっさり** 잔뜩, 듬뿍 | **ちょっと** 잠깐, 잠시 | **さっそく** 즉시 | **むしゃむしゃ** 게걸스럽게, 우적우적

かには柿の種を大事に持って帰り、庭に植えました。そして、毎日ていねいに水をあげました。かには柿の種に言いました。「早く芽を出せ、柿の種。出さないと、土を掘って、種を取り出してしまうぞ。」と言うと、柿の種はびっくりして、慌てて芽を出しました。かには喜んで、また柿の芽に言いました。「早く芽を出せ、柿の種。出さないと葉を切ってしまうぞ。」と言うと、柿はまた慌ててすぐ葉を出しました。柿の木は切られては痛いし困ると思って、たちまち大きくなり、そうして、立派な木になりました。かには喜んで、もっと柿の木に言いました。「早く実がなれ、柿の種。ならないと根を抜いてしまうぞ。」と言うと、柿の木は急いで赤くおいしい実をつけました。「ほら、赤くなった。ちょうど食べ頃だ！」と、かには喜んで木に近づきました。

낱말과 표현

大事に 소중하게 | **ていねいに** 정성을 다해 | **あげる** 주다 | **芽を出す** 싹을 내다 | **土を掘る** 땅을 파다 | **取り出す** 꺼내다 | **びっくりする** 깜짝 놀라다 | **慌てる** 당황하다 | **喜ぶ** 기뻐하다 | **葉を切る** 잎을 자르다 | **切られる** 잘리다 | **痛い** 아프다 | **困る** 곤란하다 | **たちまち** 금세, 순식간에 | **立派** 멋짐, 훌륭함 | **もっと** 더, 더욱 | **実がなる** 열매가 열리다 | **根を抜く** 뿌리를 뽑다 | **急ぐ** 서두르다 | **実をつける** 열매를 맺다 | **ちょうど** 알맞게, 꼭 | **食べ頃** 먹어서 가장 맛있는 시기, 제철 | **近づく** 다가가다

しかし、かには困ってしまいました。かには木に登ることができないからです。そこへさるがやって来て、さっさと木に登って、自分だけ柿の実をむしゃむしゃとおいしそうに食べ始めました。「あぁ、うまい、うまい。ほっぺが落ちそうにうまいよ。」と言って、何個も食べてしまいました。それを見ていたかにが、「さるさん、自分だけ食べてないで私にもくださいよ。」と言うと、「ふん、柿の種はもともと私が拾ったものだ。だから私のものだ。」と言って、さるは一つもかににあげません。「でも、私が毎日水をあげて、大切に育てたんだよ。私のものだよ。」とかにが言いました。すると、さるはいきなりまだ青くて食べられない柿の実をかににぶつけました。さるが投げた柿の実はかにの背中に当たり、かわいそうに、かにはつぶれて死んでしまったのです。

낱말과 표현

登る 오르다 | さっさと 재빠르게 | うまい 맛있다 | ほっぺが落ちそうだ 기가 막히게 맛있다 | ~だけ ~만 | もともと 원래 | 毎日 매일 | 大切に 소중하게 | 育てる 키우다 | いきなり 갑자기 | 青い 덜 익다, 파랗다 | ぶつける 냅다 던지다 | 投げる 던지다 | 背中 등 | 当たる 적중하다, 명중하다 | かわいそうに 불쌍하게도 | つぶれる 찌부러지다 | 死ぬ 죽다

それを見ていたかにの子供達は、みんなオンオンと泣きました。そして、そのとき、一匹のお兄さんがにが言いました。「泣い[2]てはいられないよ。みんなで力を合わせてお母さんのあだ討ちをしなければ。」「よし、あの悪いさるをやっつけに行こう！」「そうだ！そうだ！みんなもう泣くのをやめよう。」子がに達はいっせいに言いました。すると、ちょうどそこへはちがブーンと飛んで来ました。はちは子がに達から話を聞くと、「ひどいさるだ！あだ討ちなら手伝うよ。」と、仲間に加わりました。さるの家に向かって少し行くと、今度はくりがコロコロと転がって来ました。くりも話を聞くと、子がに達に言いました。「かにのお母さんのあだ討ち[3]だって、それなら私も加わるよ。」

낱말과 표현

オンオン 엉엉 | **力** 힘 | **合わせる** 합치다 | **やっつける** 단숨에 해치우다, 혼내주다 | **やめる** 그만두다 | **いっせいに** 일제히 | **はち** 벌 | **ブーン** 붕 | **飛ぶ** 날다 | **手伝う** 돕다 | **仲間** 동료 | **加わる** 가담하다, 참여하다 | **向かう** 향하다 | **今度** 이번, 이 다음 | **くり** 밤 | **コロコロ** 데굴데굴 | **転がる** 구르다

はちとくりがブーン、コロコロと進んで行くと、今度はうすがドシンと音を立ててやってきました。そして話を聞くと、うすも言いました。「悪いさるだ！そんな話を聞いたら、だまっ[2]てはいられない。私も使ってくれよ。」そうして、みんな揃ってコロコロ、ブーン、ドシンドシンとさるの家にやって行きました。そっと家の中を覗いてみると、さるはいないようです。「おや？さるがいないよ。そうだ、今のうちに隠れよう。」子がにと仲間たちはそれぞれ家の中に隠れ、そして、最後にうすは屋根に登りました。「悪いさる、早く帰って来ないかなあ。早くやっつけてやるのに…。」と、みんなでさるの帰りを待っていました。

낱말과 표현

進む 나아가다, 전진하다 | **うす** 절구 | **ドシンドシン** 쿵쿵 | **音を立てる** 소리를 내다 | **やってくる** 오다, 다가오다 | **だまる** 입을 다물다 | **揃う** 빠짐없이 모이다 | **そっと** 살짝 | **覗く** 엿보다 | **隠れる** 숨다 | **それぞれ** 저마다, 각각 | **仲間** 친구, 동료 | **最後に** 마지막으로 | **屋根** 지붕 | **帰りを待つ** 귀가를 기다리다

やがて、ようやくさるが帰って来ました。「お～、今日は何て寒い日だろう。おぉ、寒い。」とさるは言いながら、いろりで体を暖め**ようとしました**。そのとたん、火に焼けたくりがパチーンとさるにぶつかっていきました。「かにのあだ討ちだ！それ！」とくりが言うと、さるは「熱い！熱い！」と叫びました。やけどをしたさるは、「やけどには油をつけたらいいかも知れないな。あぁ、痛い、痛い。」と言って、油おけのところに走って行きました。しかし、油おけの中からはちが飛び出して来て、「それ！かにのあだ討ちだ！やっつけろ！」と、チクチクとさるを針で刺しました。「あぁ、痛い！いたたたた！み、水、水…。」とさるは叫んで、水おけのところに転がって行きました。

낱말과 표현

やがて 마침내 | **ようやく** 간신히 | **いろり** 화로 | **体を暖める** 몸을 따뜻하게 하다 | **そのとたん** 그 순간 | **火** 불 | **焼ける** 구워지다 | **パチーン** 탁 | **ぶつかる** 부딪치다 | **叫ぶ** 외치다 | **やけどをする** 화상을 입다 | **油** 기름 | **つける** 바르다 | **おけ** 통 | **飛び出す** 날아오르다, 뛰어나오다 | **チクチク** 따끔따끔 | **針** 바늘 | **刺す** 찌르다

ところが、今度は水おけにいた子がに達がいっせいに飛び出して来て、はさみでチョキチョキとさるを切りました。「い、痛い！痛いよ！助けて～！」とさるは逃げ出しました。しかし、屋根のところにはうすが待っていました。家から逃げ出してきたさるの上に、うすがドッスンと落ちてきました。「ギャァーーー！」さるはペチャンコにつぶれてしまいました。

낱말과 표현

はさみ 집게(발) | チョキチョキ 싹둑싹둑 | 切る 자르다 | 逃げ出す 도망치다 | ドッスン 쿵 | 落ちる 떨어지다 | ペチャンコに 납작하게

01 ～たら ～(하)면, ～더니

でも、おにぎりは食べてしまったら終わりだけど、柿の種は植えたら甘い柿の実がどっさりなるよ。

하지만 주먹밥은 먹어버리면 끝이지만 감나무 씨는 심으면 달콤한 감이 잔뜩 열리잖아.

～たら의 기본용법은 가정법입니다. 하지만 이외에도 어떤 상황을 특별하게 가정할 때나, 행위의 순서(과정)을 말할 때, 또는 앞에 있었던 일에 이어 무엇인가 일어날 때 사용합니다.

···› 図書館に行ったら、偶然田中教授に会いました。
도서관에 갔더니 우연히 다나카 교수님을 만났습니다.

···› 住所が決まったら、教えてください。 주소가 정해지면 가르쳐 주세요.

···› 今のコースが終ったら、日本人の会話コースに入るつもりです。
지금의 코스가 끝나면 일본인 회화코스에 들어갈 생각입니다.

···› 1億円もらったら、世界旅行をしようと思います。
1억엔 받는다면 세계여행을 하려고 생각합니다.

···› 薬を飲んだら、風邪が治りました。 약을 먹었더니 감기가 나았습니다.

02 ～てはいられない ～고는 있을 수 없다, ～고만 있을 수 없다

- 泣いてはいられないよ。 울고 있을 수 없어.
- だまってはいられない。 가만히 있을 수는 없어.

～てはいられない는 '(그 상태)로는 있을 수 없다'라는 의미입니다.
いる의 가능부정표현으로 いられない는 '있을 수 없다'라는 뜻입니다.

··· 一日中寝てはいられない。하루종일 자고만 있을 수 없다.

··· こんなに我慢してはいられない。이렇게 참고만 있을 수 없다.

··· 長い間待ってはいられない。오랜 시간 기다리고만 있을 수 없다.

03 ~だって ~라니, ~라는데

かにのお母さんのあだ討ちだって、それなら私も加わるよ。
어미 게의 복수라니, 그거라면 나도 가담할래.

들은 이야기나 읽은 내용 등을 다른 사람에게 전달할 때 사용합니다. ～と言っていました, ～書いてありました를 생략해서 사용하는 표현으로 친한 사이에서 사용합니다.

··· 新聞の天気予報を見たけど、雨が降るんだって。
신문의 일기예보를 봤는데 비가 온다던데.

··· 林さんは、昨日の話では、今日は来ないんだって。
하야시 씨는, 어제 이야기로는 오늘 오지 않는다고 하던데.

04 ~(よ)うとする ~(하)려고 하다

さるは言いながら、いろりで体を暖めようとしました。
원숭이는 말하면서 화로에서 몸을 녹이려고 했습니다.

자신의 의지로 뭔가를 하려고 할 때 동사의 의지형 + とする 형태를 사용합니다.

··· 今日からタバコを止めようとします。오늘부터 담배를 끊으려고 합니다.

··· 日本語をもっと勉強しようとします。일본어를 더 공부하려고 합니다.

··· 夏休みに国へ帰ろうとします。여름방학에 고국에 돌아가려고 합니다.

확인 문제

중급 07 こたえましょう

1 山の中で、さるが拾ったものは何ですか。

① おにぎり　② 柿の種
③ 柿の木　④ 柿の実

2 かには、どうしておにぎりを柿の種と交換しようと思いましたか。

① おにぎりは食べてしまったら終わりだから
② 柿の種は食べられないくらいたくさんあるから
③ 柿の種は食べられないので、なくならないから
④ おにぎりは食べても甘くないから

3 かにが植えた柿の種はどうなりましたか。

① 少しずつ大きくなって立派な木になった
② 赤くておいしい柿の種になった
③ すぐ大きくなって立派な木になった
④ すぐに食べ頃になった

4 困っているかにを見たさるはどうしましたか。

① 柿の実を全部食べてしまった
② かにに柿の実をとってあげた
③ 青い柿の実をおいしそうに食べた
④ かにに柿の実をぶつけた

5 最後にさるをペチャンコにしたのは誰ですか。

① はち

② くり

③ 子がに

④ うす

6 柿が食べ頃になったときに、かにが困ったのはどうしてですか。

7 かにの子供たちはどうして泣いたのですか。

8 お兄さんがにの言葉を聞いて、子がにたちは何をすることにしましたか。

9 子がにたちの話を聞いて、仲間になったのは誰ですか。

10 家に帰って来たさるは、始めに何をしようとしましたか。

고급 08

おいも ころころ

감자 데굴데굴

昔々、あるところに村長さんがいました。村長は新しい家を建てたので、村人を家に呼んで、みんなで一緒に食事をしようと思いました。そこで、村長は村人達に「新しい家が出来たので遊びに来てください。ごちそうしますから。」と、あちこちに声をかけました。村人達は村長に[1]招待されてとても嬉しかったのですが、一つ心配なことがありました。村人の一人が言いました。「困ったなぁ。私は、ごちそうを食べられるのは楽しみだけど、作法がわからないよ。どうしょう…。もしも、村長さんの前で失礼なことでもしたら大変だ。」すると、他の村人達も、「私も知らないよ。」「私だって全然知らない。どうしようか…。」村人達は困ってしまいました。「そうだ！何でも知っている物知り博士のげんあん様の家に行って、聞いてみようよ。」「あぁ、あのお医者さんのげんあん様か。」「そうだそうだ！みんなで行ってみよう。」と、村人達は口々に言い、早速、げんあん様のところへゾロゾロと出かけて行きました。

낱말과 표현

いも 감자 | ころころ 데굴데굴 | 村長 촌장 | 建てる (건물을) 짓다 | 村人 마을 사람 | 呼ぶ 부르다 | 食事 식사 | 出来る 생기다 | ごちそうする 대접하다 | あちこち 여기저기 | 声をかける 말을 걸다 | 招待される 초대받다 | 嬉しい 기쁘다 | 心配 걱정, 근심 | 困る 곤란하다 | 楽しみ 즐거움 | 作法 예절 | もしも 만약, 혹시 | 失礼 실례, 무례 | 全然 전혀 | ～だって ~도 | 物知り博士 만물박사 | 医者 의사 | 口々に言う 저마다 말하다 | 早速 즉시 | ゾロゾロ 우르르, 줄지어 | 出かける 나가다, 나서다

げんあん様の家に着くと、村人達は「げんあん様、お願いがあります。私達は村長さんの家に招待されたのですが、実は作法がわからないので困っています。是非教えてください。」と言いました。げんあん様は「わかったよ。心配はいらない、私が教えてあげましょう。私と一緒に行って学ぶのが一番いい方法です。さあ、みんなで出かけましょう。」と言って、げんあん様は着物を着替え始めました。村人達も、げんあん様と同じように着替えました。しかし、村人達[2]にとっては初めて着る着物なので、短かったり、長かったり、ひもが一本なかったり…と、妙な姿になりました。「さあ、では、行きましょう。」と、げんあん様は先に歩き始めました。そして、その後から村人達はゾロゾロと付いて行きました。

낱말과 표현

着く 도착하다 | **お願い** 소원, 부탁 | **是非** 부디 | **教える** 가르치다 | **いる** 필요하다 | **学ぶ** 배우다 | **方法** 방법 | **着替える** 옷을 갈아입다 | **同じように** 똑같이 | **初めて** 처음으로 | **短い** 짧다 | **ひも** 끈 | **一本** 한 줄 | **妙** 묘함, 이상함 | **姿** 모습 | **先に** 앞서, 먼저 | **付いて行く** 따라가다

そうして村長さんの家に着きました。村長さんは「やあ、よく来てくださいました。さあ、お上がりください。」と、ニコニコして家の中に案内してくれました。そして、広々とした部屋に通してくれました。それから、ごちそうが運ばれてきて、 村人達の前に並べられました。みんなはお腹が空いているので、グーッとお腹の音がしたり、ゴクンと唾を飲む音がしたり、いろいろな音が聞こえてきます。「さあ、どうぞ食べてください。」と、村長さんが言いました。げんあん様は「はい、いただきます。」と言うと、 村人達もげんあん様の真似をして大声で、「いただきま～す！」と言いました。

낱말과 표현

上がる 올라가다, (방에) 들어가다 | **ニコニコ** 싱글벙글 | **案内する** 안내하다 | **広々とした** 널찍한, 넓디넓은 | **通す** 안내하다 | **ごちそう** 진수성찬 | **運ばれる** 날라지다 | **並べられる** 차려지다, 진열되다 | **お腹が空く** 배가 고프다 | **唾を飲む** 침을 삼키다 | **いろいろ** 여러 가지 | **聞こえる** 들리다 | **真似をする** 흉내를 내다 | **大声** 큰 목소리

余りにもみんなの声が大きいので、げんあん様はそれを止めさせようとして、「え、えっへん、えっへん。」と、咳払いをしました。すると、村人達もげんあん様と同じように、「え、えっへん、えっへん。」と真似をしています。げんあん様は恥ずかしくて、顔が赤くなりました。「あぁ、どうしよう。恥ずかしい。誰も私の咳払いの意味がわからないなんて…。あぁ、穴があったら入りたい。」と、独り言を言いました。げんあん様はここから早く帰りたいと思いました。「そうだ。早く帰るためには、早く食べてしまえ[3]ばいいんだ。」げんあん様はそう思いつき、さっさと食べてしまおうと、慌てて箸でおいもをつまみました。

낱말과 표현

余りにも 너무나도 | 止めさせる 그만두게 하다 | 咳払い 헛기침 | 恥ずかしい 부끄럽다 | 意味 의미 | わからない 모르다 | ～なんて ~라니 | 穴 구멍 | 入る 들어가다 | 独り言を言う 혼잣말을 하다 | ～ためには ~위해서는 | 思いつく 생각이 떠오르다 | さっさと 재빠르게 | 慌てる 당황하다 | 箸 젓가락 | つまむ 집다, 잡다

　すると、おいもがつるっと滑(すべ)って、たたみにころころと落(お)ちてしまいました。「あっ、しまった！何(なん)てことだ。」と、げんあん様(さま)が言(い)うと、村人達(むらびとたち)はそれを見(み)て、「なるほど。おいもはあのようにするのが作法(さほう)なんだな。」と、次々(つぎつぎ)に真似(まね)をして、わざとおいもを転(ころ)がしました。それから、村人達(むらびとたち)は口(くち)を揃(そろ)えて、「あっ、しまった！何(なん)てことだ。」と言(い)いました。げんあん様(さま)はとても困(こま)って、小(ちい)さな声(こえ)で村人達(むらびとたち)にささやきました。「これ、これ。恥(は)ずかしい真似(まね)をするなよ。」それでも、みんながまた同(おな)じように「これ、これ。恥(は)ずかしい真似(まね)をするなよ。」と言(い)いました。げんあん様(さま)は顔(かお)を真(ま)っ赤(か)にして、食(た)べるのをすっかり止(や)めてしまいました。

낱말과 표현

つるっ 미끈 | 滑る 미끄러지다 | たたみ 다다미 | 落ちる 떨어지다 | しまった 이런, 아뿔싸 | なるほど 과연 | 次々に 차례로 | わざと 일부러 | 転がす 굴리다 | 口を揃える 입을 모으다 | ささやく 속삭이다 | ～な (~하지) 마라(금지) | 真っ赤にする 새빨개지다 | すっかり 완전히 | 止める 그만두다, 중지하다

今すぐに帰りたくなってしまったげんあん様は、すばやく帰る仕度をして、村長さんにあいさつをしようと立ち上がり、「村長さん、そろそろ帰ります。おいしいごちそうをありがとうございました。失礼します。」と言いました。しかし、そのとたん、何とげんあん様の帯が解けて、ダラリと下がってしまいました。それを見た村人達は、「あぁ、失礼する時はあのように帯をダラリと下げるのが作法なのか。なるほど。なかなか難しいものだなあ。私達もそうしよう。」と言って、またげんあん様と同じように、ダラリと帯を下げてあいさつをしました。村長さんは、村人達がおかしな姿でゾロゾロ歩いて行くのを見て、とうとう笑いを我慢できなくなってしまい、「ワッハッハ！！！」と、笑ってしまいました。しかし、村人達はとうとう最後までダラリと帯を下げるのが無作法だとは誰も[4]気がつきませんでした。

낱말과 표현

すばやく 재빨리 | 仕度する 준비를 하다 | あいさつ 인사 | 立ち上がる 일어서다 | そろそろ 슬슬 | そのとたん 그 순간 | 帯 허리띠 | 解ける 풀리다 | ダラリ 축 | 下がる 내려가다, 흘러내리다 | 下げる 내리다, 매달다 | なかなか 꽤, 상당히 | 難しい 어렵다 | おかしな 이상한 | とうとう 결국 | 笑い 웃음 | 我慢できない 참을 수 없다 | 無作法 예의없는 행동 | 気がつく 눈치채다, 알다

문형과 문법

고급 08 まとめましょう

01 수동형

村人達は村長に招待されてとても嬉しかったのですが、一つ心配なことがありました。

마을 사람들은 촌장에게 초대받고 너무나도 기뻤습니다만 한 가지 걱정이 있었습니다.

수동형은 다양한 의미로 사용됩니다. 수동자체의 의미로 '(하게)되다, 당하다'외에도 피해의 감정을 나타내는 표현, 그리고 존경의 의미나 자발의 의미도 있습니다.

- 昨夜どろぼうに入られました。それで警察が来ています。
  어젯밤 도둑을 맞았습니다. 그래서 경찰이 와 있습니다.
- 鈴木さんにデートを断られて、がっかりしました。
  스즈키 씨에게 데이트를 거절당해서 낙심했습니다
- 子供にパソコンを壊されまして、腹が立ちました。
  아이가 컴퓨터를 망가뜨려서 화가 났습니다.
- 試験の前の晩に、友達に来られて、勉強できませんでした。
  시험 전날 밤에 친구가 와서 공부를 못 했습니다.

02 ~にとって ~에게 있어서

しかし、村人達にとっては初めて着る着物なので、短かったり、長かったり、ひもが一本なかったり…と、妙な姿になりました。

그러나 마을 사람들에게 있어서 처음으로 입는 기모노이어서 짧거나 길거나 끈이 하나 없거나 ......등의 이상한 모습이 되었습니다 .

'~에 있어서, ~입장에서 보면'이라는 뜻을 가지고 자격이나 입장을 나타내고 있습니다.

- Y大学に受かるのは、私にとって夢でした。
  Y대학에 합격하는 것은 저에게 있어 꿈이었습니다.

…› 留学生にとって、自分の国は何よりも大切なものです。
유학생에게 있어 자신의 나라는 무엇보다도 소중한 것입니다.

…› 大人にとっては簡単なことでも、子供にとっては難しいです。
어른에게는 간단한 것이라도 아이에게는 어렵습니다.

…› 少子高齢化問題は、日本にとって大きな問題である。
저출산 고령화문제는 일본에게 있어 커다란 문제이다.

03 ～ばいい ~(하)면 된다.

そうだ。早く帰るためには、早く食べてしまえばいいんだ。
그래. 빨리 돌아가기 위해서는 빨리 먹어 버리면 되는 거야.

가정법 ～ば에 '좋다, 다행이다'라는 의미의 いい가 접속한 표현입니다.

…› 朝早く起きればいいんです。 아침 일찍 일어나면 됩니다.

…› 来年の受験に合格すればいいんです。 내년 수험에 합격하면 됩니다.

…› 体の調子が悪い際は、少しでも休めばよくなるものだ。
몸의 상태가 좋지 않을 때는 조금이라도 쉬면 나아진다.

04 気의 관용적표현

しかし、村人達はとうとう最後までダラリと帯を下げるのが無作法だとは誰も気がつきませんでした。
그러나 마을 사람들은 결국 마지막까지 허리띠를 축 늘어뜨리는 것이 예의 없는 행동이라는 것은 아무도 눈치채지 못 했습니다.

[気를 사용한 여러 가지 관용적 표현]

気がある 마음이 있다

→ 林さんはかっこいい田中さんに気があります。
하야시 씨는 멋진 다나카 씨에게 마음이 있습니다.

気が済む 마음이 후련해지다

→ カラオケに行って大声で歌を歌ったら気が済んだ。
노래방에 가서 큰 소리로 노래를 불렀더니 마음이 후련해졌다.

気に入る 마음에 들다

→ 佐藤さんは社長の気に入ったらしい。
사토 씨는 사장의 마음에 든 모양이다.

気が重い 마음이 무겁다

→ その件に関しては、考えただけでも気が重くなります。
그 건에 관해서는 생각만 해도 마음이 무거워집니다.

気がつく 정신이 들다, 눈치채다

→ 気がついたら、そこは病院でした。
정신이 들었더니 거기는 병원이었습니다.

気が抜ける 맥이 빠지다, 의욕을 상실하다

→ 試験に受けなかったとたん、気が抜けました。
시험에 떨어진 순간 맥이 빠졌습니다.

気に障る 신경에 거슬리다

→ 隣のピアノの音が気に障る。
이웃의 피아노 소리는 신경에 거슬린다.

확인 문제

고급 08 こたえましょう

1 困った村人達は誰のところに行きましたか。

① 物知りな学者さん　② 物知りなお医者さん

③ 物知りな薬屋さん　④ 物知りな村長さん

2 村人達はどうして 着物を着替えたのですか。

① 新しい着物を買ったから

② 自分達の着ていた着物がきたなかったから

③ げんあん様と同じようにしなければならないと思ったから

④ 着物を着たことがなかったので着てみたかったから

3 げんあん様が早く帰りたいと思ったのはどうしてですか。

① 村長さんの家のごちそうがおいしくなかったから

② 自分の真似をする村人達の姿が恥ずかしかったから

③ 風邪を引いて、咳が止まらなくなったから

④ 咳払いの意味を間違えて恥ずかしかったから

4 村人達がおいもを転がしたのはどうしてですか。

① おいもを転がすのがおもしろそうだったから

② 慌てておいもをつかんでしまったから

③ おいもを転がすのが作法だと思ったから

④ おいもがつるっと滑ってしまったから

5 げんあん様が、食べるのをすっかり止めてしまったのはどうしてですか。

① 村人達が自分の真似をすることに怒ったから
② 村人達の姿を村長さんに怒られると思って心配したから
③ 村長さんが笑っているのを見て、とても恥ずかしかったから
④ 村人達が自分の姿を真似するので、恥ずかしかったから

6 村長さんはどうして村人を呼んで一緒に食事をしようと思ったのですか。

7 村長さんに招待されて、村人達が心配したことは何ですか。

8 げんあん様が咳払いをしたのはどうしてですか。

9 げんあん様の帯がダラリと下がったのを見て、村人達が考えたことはどんなことですか。

10 村長さんは村人達のどんな姿を見て、笑いが我慢できなくなりましたか。

고급 09

浦島太郎（うらしまたろう）

우라시마 타로

昔々、海辺の小さな村に、浦島太郎という若い漁師が母親と一緒に住んでいました。ある日、太郎が海辺を散歩していると、子供達が大勢集まってワイワイガヤガヤと大騒ぎをしています。太郎は何だろうと思って近づいてみると、子供達が一匹のカメを棒で叩いたりつっついたり、カメを裏返したりして、遊んでいました。それを見た太郎は「これこれ、おまえ達。生き物をそんなにいじめ[1]てはいけないよ。かわいそうじゃないか。早く海に帰してあげなさい。カメにだって家族がいるんだからね。」と言いました。しかし、子供達は「嫌だよ。僕達のカメだ。これからおもしろい遊びをするんだから。」と太郎の言うことを聞きません。「それなら、そのカメを私に売ってくれないか。お金をやるからいいだろう？」と言って、太郎はお金を渡すと、子供達は喜んでカメを離して、走って行ってしまいました。

낱말과 표현

海辺 바닷가 | **漁師** 어부 | **散歩** 산책 | **大勢** 많은 사람, 많이 | **集まる** 모이다 | **ワイワイガヤガヤ** 와와 시끌시끌 | **大騒ぐ** 대소동을 벌이다 | **近づく** 다가가다 | **カメ** 거북이 | **棒** 막대기 | **叩く** 때리다, 두드리다 | **つっつく** 찌르다 | **裏返す** 뒤집다 | **おまえ達** 너희들 | **生き物** 살아있는 것 | **いじめる** 못살게 굴다, 학대하다 | **かわいそうだ** 불쌍하다 | **帰す** 돌려보내다 | **~だって** ~도 | **嫌** 싫음 | **僕達** 우리들 | **それなら** 그렇다면 | **売る** 팔다 | **やる** 주다 | **渡す** 건네다 | **喜ぶ** 기뻐하다 | **離す** 풀어놓다

「カメさん、もう大丈夫だよ。安心しなさい。ずいぶん痛かっただろうね。早く海に帰るんだよ。」と、太郎はカメを逃してあげました。それからしばらく経ったある日、太郎が海辺でつりをしていると、一匹のカメがそばまで泳いでやって来ました。そして、カメは太郎に言いました。「浦島太郎さん、この前は本当にありがとうございました。おかげで助かりました。あなたにお礼がしたくて竜宮から来たんです。是非、あなたを私達の竜宮に連れて行きたいんです。」太郎はびっくりして、「えっ、竜宮だって？竜宮に連れて行ってくれるって？そんな夢のようなことが出来るの？」すると、カメは「さあ、どうぞ。私の背中に乗ってください。出発ですよ。」と言うと、すいすいと泳ぎ始めました。

낱말과 표현

大丈夫 괜찮음, 문제없음 | **安心する** 안심하다 | **ずいぶん** 상당히 | **痛い** 아프다 | **逃してあげる** 놓아주다 | **しばらく** 잠시 | **経つ** (시간이) 흐르다 | **つり** 낚시 | **そば** 옆 | **泳ぐ** 헤엄치다 | **助かる** 살아나다, 도움이 되다 | **お礼をする** 감사를 하다 | **竜宮** 용궁 | **是非** 부디 | **連れる** 데리고 오다[가다] | **びっくりする** 깜짝 놀라다 | **〜だって** ~라고 | **夢** 꿈 | **背中** 등 | **出発** 출발 | **すいすい** 쓱쓱, 거침없이

そして、太郎が気づいた時には、そこはもう海の中でした。「あ、何とも言えないいい気持ちだな。わあ、さんごもいる。あっ、こんぶの森もある。すごい！魚の大群もいる。うわぁ！」と、太郎は口をポッカリ開けて、海の中の世界を見ていました。そうして、少しづつ進んで行くと、キラキラ光るお屋敷の屋根が見えてきました。「さあ、竜宮に着きましたよ。」と、カメは太郎を背中から下ろしました。すると、竜宮の門がパッと開いて、中から美しい乙姫という名前のお姫様が現れました。乙姫様はたくさんの色あざやかな魚達と一緒にあいさつをしました。そして、とてもきれいな声で「浦島太郎さま、ようこそいらっしゃいました。この間はカメがいじめられて危ないところを助けていただき、本当にありがとうございました。」とお礼を言いました。

낱말과 표현

気づく 정신이 들다 | 気持ち 기분 | さんご 산호 | こんぶの森 다시마 숲 | 大群 큰 무리 | ポッカリ 떡, 쩍 | 少しずつ 조금씩 | 進む 나아가다 | キラキラ 반짝반짝 | 光る 빛나다 | 屋敷 저택 | 屋根 지붕 | 見える 보이다 | 着く 도착하다 | 下ろす 내리다, 내려놓다 | パッ 팍 | 開く 열리다 | 美しい 아름답다 | 乙姫 오토히메 | お姫様 공주님 | 現れる 나타나다 | 色あざやか 색이 선명함 | あいさつ 인사 | ようこそいらっしゃる 잘 오시다 | この間 지난번, 요번 | 危ない 위험하다 | 助ける 돕다 | お礼を言う 감사의 인사를 하다

乙姫様は太郎を広々とした部屋に案内しました。そこには、食べきれないくらいのごちそうが山のようにありました。「どうぞ召し上がれ。これから歌や踊りをお見せしますので、ごゆっくりどうぞ。」と乙姫様は言って、次から次へと珍しい食べ物を運んできました。そして、美しい曲に合わせて、たいやひらめの魚達の楽しい踊りが始まりました。「あ～、きれいだ。あ～、おいしい。何だか夢を見ているようだ。何て楽しいんだろう。」太郎は言いました。竜宮はこの世のものとは思えないくらい、すばらしいところでした。「竜宮はいつもこんな毎日です。好きな[3]だけ楽しんでください。いつまでもいてくださいよ。」と、乙姫様は太郎に言いました。太郎は乙姫様や魚達と遊んだり、歌ったりして、楽しく過ごしていました。そして、竜宮での生活が余りにも楽しいので、家に帰るのをすっかり忘れてしまいました。

낱말과 표현

広々とした 널찍한, 넓디넓은 | **案内する** 안내하다 | **食べきれない** 다 먹을 수 없다 | **ごちそう** 진수성찬 | **召し上がる** 드시다, 잡수시다 | **踊り** 춤 | **見せる** 보이다 | **ゆっくり** 천천히 | **次から次へ** 차례로 | **珍しい** 진귀하다 | **運ぶ** 나르다 | **曲** 곡, 노래 | **合わせる** 맞추다 | **たい** 도미 | **ひらめ** 넙치 | **夢を見る** 꿈꾸다 | **この世のもの** 이 세상의 것 | **思えない** 생각할 수 없다 | **すばらしい** 멋있다 | **過ごす** 지내다 | **生活** 생활 | **余りにも** 너무나도 | **すっかり** 완전히 | **忘れる** 잊다

３日ほど過ぎて、ふと家にいる年老いた母親を想い出し、急に帰りたくなりました。「あ、すっかり遊んでしまった。とても楽しい思いをしました。もう帰らなければ。」と太郎が言うと、乙姫様は「まだずっといてくださいよ。まだいっぱいおもしろいことがありますよ。」と、太郎が帰るのを止めました。しかし、太郎は「いや、私はどうしても帰らなければいけません。」と言いました。乙姫様は「それは残念です。そんなに言うのだったら仕方がないですね。」と言って、太郎にお土産に美しく光る箱をくれました。そして、「これは玉手箱というものです。この箱はどんなことがあっても開け[1]てはいけませんよ。特別な箱ですからね。」と、乙姫様は言いました。

낱말과 표현

過ぎる (시간이) 지나다 | **ふと** 문득 | **年老いる** 늙다 | **想い出す** 떠올리다, 생각해내다 | **思いをする** 경험을 하다 | **いっぱい** 가득 | **止める** 말리다 | **どうしても** 반드시, 꼭 | **残念** 유감스러움, 아쉬움 | **仕方がない** 어쩔 수 없다 | **お土産** 선물 | **光る** 빛나다 | **玉手箱** 다마테바코(소중한 것을 넣어 두는 상자) | **特別** 특별함

太郎は玉手箱をもらい、カメに乗り、帰って行きました。カメはスイスイと泳いで、いつの間にか、元の海辺に着いていました。太郎はカメに別れを言って、自分の家に帰ろうと海辺を歩きましたが、何だか様子が変です。「あれ？おかしいな。家がない。それに、今まで見たことも会ったこともない人達ばかりだぞ。どうなっているんだろう…。」と、心配になり、自分の家のところに歩いて行きました。そして、村人に聞きました。「あの、この辺に浦島太郎という漁師の家はありませんか。確かにここにあったんですが。」すると、村人はこう答えました。「浦島太郎だって？ああ、そういえば、そんな珍しい名前の人が100年前にいたという伝説があるよ。ある日、つりに出かけ[2]たまま帰らなかったらしい。そんな話を聞いたことがある。」太郎はびっくりしました。竜宮には3日しかいなかったのに、地上ではその間に100年の年月が過ぎていたのでした。「ああ、何ということだ。まさかこんなことが起こるなんて。信じられない…。」太郎は悲しくなり、砂の上に座ってしまいました。「100年も前に母親も死んでしまったし、私にはもう家も何もない。この玉手箱しか残っていない。どうしよう…。」とつぶやき、しばらく玉手箱を見つめました。

낱말과 표현

いつの間にか 어느 사이엔가 | **元** 원래 | **別れを言う** 작별인사를 하다 | **何だか** 무언지, 어쩐지 | **様子** 모습, 상황, 낌새 | **変** 이상함 | **おかしい** 이상하다 | **～ばかり** ~뿐 | **心配** 걱정, 근심 | **村人** 마을 사람 | **聞く** 묻다 | **確かに** 틀림없이 | **聞く** 묻다 | **こう** 이렇게 | **～しか** ~밖에 | **地上** 지상 | **年月が過ぎる** 세월이 흐르다 | **まさか** 설마

太郎は乙姫様に開けてはいけないと言われたことも忘れ、その玉手箱を開けたくなりました。「何が入っているのだろう。宝物でもあるのかな？ちょっとだけ見てみよう。」と言い、箱を開け、中をちょっと覗きました。すると、そのとたん、中からムクムクと白い煙が急に出てきました。「うわぁ、何だ？何の煙だ？何だ？」と、驚いているうちに、あっという間に太郎は煙につつまれてしまいました。そして、見る見るうちに、太郎の髪の毛は[4]真っ白になり、顔はしわだらけになり、腰も曲がって、急におじいさんになってしまいました。

낱말과 표현

起こる 일어나다 | **信じられない** 믿을 수 없다 | **悲しくなる** 쓸쓸해지다 | **砂** 모래 | **座る** 앉다 | **残る** 남다 | **つぶやく** 중얼거리다 | **見つめる** 응시하다 | **宝物** 보물 | **覗く** 엿보다 | **そのとたん** 그 순간 | **ムクムク** 뭉게뭉게 | **煙** 연기 | **驚く** 놀라다 | **あっという間に** 눈 깜짝할 사이에 | **つつまれる** 둘러싸이다 | **見る見る** 순식간에 | **髪の毛** 머리카락 | **しわだらけ** 주름투성이 | **腰** 허리 | **曲がる** 휘다, 구부러지다

01 ～てはいけない ～해서는 안 된다

- 生(い)き物(もの)をそんなにいじめてはいけないよ。
  살아있는 생물을 그렇게 괴롭히면 안 돼.

- この箱(はこ)はどんなことがあっても開(あ)けてはいけませんよ。
  이 상자는 어떤 일이 있어도 열어서는 안 됩니다.

금지의 표현으로 '~해서는 안 된다'라고 할 때 ～てはいけない를 사용합니다. いけない는 '좋지 않다, 나쁘다'는 의미입니다.

…▸ 図書館(としょかん)で大声(おおごえ)で話(はな)してはいけません。
도서관에서 큰 목소리로 이야기해서는 안 됩니다.

…▸ 歩道(ほどう)に自転車(じてんしゃ)を置(お)いてはいけない。 보도에 자전거를 두어서는 안 된다.

…▸ 運転(うんてん)の時(とき)、お酒(さけ)を飲(の)んではいけない。 운전시 술을 마셔서는 안 된다.

02 ～たまま ～한 채로

ある日(ひ)、つりに出(で)かけたまま帰(かえ)らなかったらしい。
어느 날 낚시하러 나간 채 돌아오지 않은 듯 하오.

~한 채로 쭉 그 상태가 계속될 때 사용합니다. 동사의 た형에 접속합니다.
또는 동사의 부정형(ない、ぬ)과 연결되어 '~하지 않은 채'라는 의미로도 사용합니다.

…▸ 彼(かれ)はアメリカに行(い)ったまま、戻(もど)ってきません。
그는 미국에 간 채 돌아오지 않습니다.

…▸ 靴(くつ)を履(は)いたまま、中(なか)に入(はい)らないでください。
신발을 신은 채 안으로 들어오지 말아 주세요.

…▸ あの殺人事件(さつじんじけん)に関(かん)して何(なに)も解決(かいけつ)されぬまま、１０年(じゅうねん)が経(た)ってしまった。
저 살인사건에 대해서 아무것도 해결되지 않은 채 10년이 흘러버렸다.

03 ～だけ ～만큼

好きなだけ楽しんでください。 좋아하는 만큼 즐겨 주세요.

～だけ에는 여러 가지 의미가 있습니다. 먼저 '～뿐, ～만'의 한정의 의미입니다. 또한 정도를 나타내기도 해서 '～만큼, ～까지'로 해석하기도 합니다.

··· この秘密は君にだけ教えよう。 이 비밀은 너에게만 가르쳐 줄게.

··· せめて週末だけでも休みが取れるとよいのだ。
적어도 주말만이라도 휴식을 취할 수 있으면 되는 것이다.

··· 彼女は若いだけに記憶力がいいです。 그녀는 젊은 만큼 기억력이 좋습니다.

04 真～ 한～, 참～, 바로～, 새～, 아주～

太郎の髪の毛は真っ白になり、急におじいさんになってしまいました。 우라시마타로의 머리카락은 새하얗게 되어 갑자기 할아버지가 되어 버렸습니다.

강조의 표현으로 보통 [カ, サ, タ, ハ행] 앞에서는 まっ으로, [ナ, マ행] 앞에서는 まん이 됩니다.

- ま : 真正面(바로 정면)、真心(진심, 참 마음)、真水(담수)、真冬(한겨울)
- まっ : 真っ先(맨 앞)、真っ赤な(새빨간)、真っ青な(새파란)
  真っ白な(새하얀)、真っ黒な(새까만)
- まん : 真ん中(한가운데)、真ん丸い(아주 둥근)

··· 真正面に見える建物が、オーシャンホテルでございます。
바로 정면에 보이는 건물이 오션호텔입니다.

··· そのニュースを聞いて、彼女の顔が真っ青になりました。
그 뉴스를 듣고 그녀의 얼굴이 새파랗게 되었습니다.

··· 町の真ん中に博物館があります。
마을 한가운데에 박물관이 있습니다.

확인 문제

고급 09 こたえましょう

1　太郎が 子供達に話しかけたのはどうしてですか。

① 子供達のカメを買って遊びたかったから

② いじめられているカメを助けたかったから

③ 子供達にお金を渡したかったから

④ 子供達と一緒に遊びたかったから

2　カメが連れて行ってくれたところで、太郎は何をしましたか。

① 食べきれないくらいのごちそうを作った

② 美しい曲を演奏しながら踊りを踊った

③ 魚達と一緒に遊んだり歌ったりした

④ 乙姫様と結婚して楽しく過ごした

3　乙姫様が太郎に「してはいけない」と言ったことは何ですか。

① 玉手箱を開けること　　② 竜宮の話をすること

③ 竜宮を忘れること　　④ 竜宮にまた来ること

4　家に帰った太郎が「信じられない」と思ったことは何ですか。

① 太郎の家がなくなってしまっていたこと

② 竜宮には３日しかいなかったということ

③ 地上では１００年の年月が過ぎていたこと

④ 今まで見たこともない人がたくさん歩いていたこと

5　どうして太郎は玉手箱を開けてしまったのですか。

① 乙姫様のことを思い出してさびしくなったから

② 箱を開けてはいけないことを知らなかったから

③ 箱の中に何があるか知りたかったから

④ 乙姫様が箱を開けなさいと言ったから

6　太郎が散歩をしている時に、子供達は何をして遊んでいましたか。

7　カメは太郎をどこに連れて行きましたか。

8　太郎が、急に家に帰りたくなったのはどうしてですか。

9　乙姫様が、太郎にあげたお土産は何ですか。

10　玉手箱を開けた太郎は、どうなってしまいましたか。

고급 10

花(はな)咲(さ)かじいさん

꽃피우는 할아버지

昔々、あるところに正直なおじいさんとおばあさんが住んでいました。この夫婦には子供がいませんでした。それで、ポチという小犬を子供の代わりにかわいがっていました。とても晴れたある朝、おじいさんはポチを連れて畑仕事に出かけました。おじいさんが仕事をしている間、ポチはおじいさんのそばを走り回って遊んでいましたが、急に畑の隅に止まって何か始めました。おじいさんが近づくと、ポチは一生懸命に前足で土を掘っていました。「ポチや。いったい何をしているんだ。そんなに土を掘って、大きな虫でもいるのか。」とおじいさんが言うと「ワンワン！」とポチは大きな声で吠えました。そして、おじいさんのところまで走って来て、おじいさんの服を口でくわえて引っ張り始めました。おじいさんは困って、「ポチ、だめだよ。今、忙しいから、おまえの相手はできないよ。」と言うと、ポチはさらに大声で吠えました。「いったい何があったのかな…。」と、ポチが掘っている穴に近づいてみると、「ここ掘れ、ワンワン！ここ掘れ、ワンワン！」とポチが吠えました。

낱말과 표현

正直 정직 | 夫婦 부부 | 小犬 작은 개 | ~の代わり ~의 대신에 | かわいがる 귀여워하다 | 晴れる 맑다 | 連れる 데리고 가다[오다] | そば 옆, 곁 | 畑仕事 밭일 | 走り回る 뛰어다니다 | 隅 구석 | 止まる 멈추다, 서다 | 近づく 다가가다 | 一生懸命に 열심히 | 前足 앞발 | 土を掘る 흙을 파다 | いったい 도대체 | 吠える 짖다 | 服 옷 | くわえる (입에) 물다 | 引っ張る 잡아당기다 | 困る 곤란하다 | だめ 안 됨, 허사임 | 忙しい 바쁘다 | 相手 상대 | さらに 더욱더 | 穴 구멍

「おお、よしよし。わかったよ、掘ってみよう。」と、おじいさんはポチの言うとおり、くわでザクッザクッと土を掘ってみると、カチンと固い音がして、ピカッと光るものが見えました。さらに掘っていくと、何と小判がザクザクと山のように出てきました。おじいさんはびっくりして、「うわぁ！これは、いったい何だ？どうしたことだ！」と、慌てておばあさんを呼びました。おばあさんも小判を見て、「おやまあ！こんなところに何て不思議なことが…。」と、二人はびっくりする[2]やら嬉しいやらで、よいしょよいしょと小判を袋につめて、家に持って帰りました。

낱말과 표현

~とおり ~대로 | **くわ** 괭이 | **ザクッザクッ** 팍팍 | **カチン** 쨍그랑 | **固い** 딱딱하다 | **音がする** 소리가 나다 | **ピカッ** 반짝 | **光る** 빛나다 | **見える** 보이다 | **小判** 금화 | **ザクザク** 우르르 | **山のように** 산처럼 | **びっくりする** 깜짝 놀라다 | **慌てる** 당황하다 | **呼ぶ** 부르다 | **不思議** 이상함, 신기함 | **嬉しい** 기뻐하다 | **よいしょよいしょ** 영차영차 | **袋** 자루 | **つめる** 담다, 채우다

正直なおじいさんとおばあさんの隣には、欲の深いおじいさんとおばあさんが住んでいました。欲の深いおじいさんとおばあさんは、小判の話を聞いて、すぐに正直なおじいさんの家に行って、ポチを借りてきました。欲の深いおばあさんも、「隣の家に小判が出たんだから、うちの畑にだってたくさん宝物が埋まってるはずだよ。さあ、早く掘りましょう。」と言って、欲の深いおじいさんを急がせました。早速、二人は借りてきたポチを畑に連れて行って、「ポチ、さあ、どこに宝物が埋まっているのか早くさがせ！さがせ！」と、無理やりポチを引っ張りました。ポチは引っ張られて、苦しく[4]てたまりません。ポチは余りにも痛いので、足元の土を掘りながら、「キャン、キャン！苦しい！」と吠えました。すると、二人は「おお！ここか、宝物があるところは？たくさんあるようだ。」と言って、一生懸命に掘り始めました。ところが、土の中から出てきたのは、何と石ころばかりでした。その上、くさい臭いまでしてきたので、二人は怒って「何だ！何も出てこないじゃないか！このうそつき犬、死んでしまえ！」と、ポチをなぐりつけ、殺してしまいました。

낱말과 표현

欲の深い 욕심이 많다 | **借りる** 빌리다 | **宝物** 보물 | **埋まる** 묻히다 | **～はず** (당연히) ~할 터, ~일 것 | **急がせる** 재촉하다, 서두르게 하다 | **早速** 즉시 | **さがす** 찾다 | **無理やり** 억지로 | **引っ張る** 끌다 | **苦しい** 괴롭다 | **余りにも** 너무나도 | **足元** 발 밑, 발치 | **キャンキャン** 캥캥 | **掘り始める** 파기 시작하다 | **ところが** 그런데 | **石ころ** 자갈, 돌맹이 | **～ばかり** ~뿐, ~만 | **その上** 게다가 | **くさい** 구리다, 고약한 냄새가 나다 | **臭いがする** 냄새가 나다 | **怒る** 화내다 | **うそつき** 거짓말쟁이 | **なぐりつける** 세게 때리다 | **殺す** 죽이다

正直なおじいさんとおばあさんは、ポチが死んで、とても悲しんで泣きました。「ポチや、許してくれよ。かわいいおまえをお隣に貸したのが悪かったよ。私がバカだった。許してくれよ、ポチ。」と言って、オンオンと泣きました。正直なおじいさんとおばあさんは、ポチの死体を家の庭に埋めました。そして、その横に小さな松の木を植えました。すると、不思議な[1]ことに、毎日ずんずんと大きくなって、立派な大木になりました。「あぁ、ポチの形見の木がこんなに大きくなった。ありがたいことだね。これで臼を作ったら、きっと立派なものができるだろうね。」と喜んで、早速木を切り、大きな臼を作りました。そして、二人は、「この臼でもちをついてポチに供えてあげましょう。」と言いながら、ぺったんこ、ぺったんこと、もちつきを始めました。すると、臼の中のもち米が急に増えて、あっという間に山ほどのもち米が出てきました。

낱말과 표현

悲しむ 슬퍼하다 | 泣く 울다 | 許す 용서하다 | 貸す 빌려 주다 | 悪い 미안하다, 나쁘다 | バカ 바보 | オンオン 엉엉 | 死体 사체 | 庭 정원 | 埋める 묻다 | 横 옆 | 松の木 소나무 | 植える 심다 | ずんずんと大きくなる 쑥쑥 자라다 | 大木 큰 나무 | 形見 유품, 유물 | ありがたい 고맙다 | 臼 절구 | きっと 반드시 | 喜ぶ 기뻐하다 | 切る 자르다 | もちをつく 떡을 찧다 | 供える 바치다, 신불에 올리다 | ぺったんこ 쿵덕 | もちつき 떡찧기 | もち米 찹쌀 | 増える 늘어나다 | あっという間に 눈 깜짝할 사이에 | 山ほど 산만큼

この話(はなし)を聞(き)いた欲(よく)の深(ふか)いおじいさんとおばあさんはうらやましく[4]てたまりません。二人(ふたり)は、「早速臼(さっそくうす)を借(か)りてこよう。きっとあの臼(うす)でもちをついたら、たくさんのもち米(ごめ)が出(で)てくる[3]に違(ちが)いない。楽(たの)しみだ、早(はや)くしよう。」と言(い)って、正直(しょうじき)なおじいさんの家(いえ)に行(い)って、臼(うす)を借(か)りてきました。そして、すぐにお米(こめ)を入(い)れてぺったんこ、ぺったんこつき始(はじ)めました。ところが、どんなに一生懸命(いっしょうけんめい)ついても、お米(こめ)が一(ひと)つも増(ふ)えません。それどころか、臼(うす)の中(なか)からくさい臭(にお)いがしてきました。「くさい、くさい！これはたまらない。このバカ臼(うす)は米(こめ)も出(で)ないじゃないか。こんなものは役(やく)に立(た)たないから、燃(も)やしてしまえ。」と怒(おこ)って、欲(よく)の深(ふか)いおじいさんとおばあさんは、臼(うす)を割(わ)って燃(も)やしてしまいました。それを聞(き)いた正直(しょうじき)なおじいさんとおばあさんはがっかりしました。「形見(かたみ)の臼(うす)を燃(も)やしてしまったのか。それは惜(お)しいことをした。大切(たいせつ)な臼(うす)だったんだが…。でも、もう仕方(しかた)がない。それじゃ、残(のこ)った灰(はい)でももらって帰(かえ)りましょう。」と言(い)って、灰(はい)をざるに入(い)れて、家(いえ)に持(も)って帰(かえ)りました。

낱말과 표현

うらやましい 부럽다 | 楽しみ 즐거움 | 入れる 넣다 | どんなに~ても 아무리 ~해도 | それどころか 그렇기는 커녕 (오히려) | 役に立つ 쓸모가 있다, 도움이 되다 | 燃やす 태우다 | 割る 쪼개다 | がっかりする 실망하다 | 惜しい 아깝다 | 大切 소중함 | 仕方がない 어쩔 수 없다 | 残る 남다 | 灰 재 | ざる 소쿠리

「おばあさんや、ポチの形見の臼が灰になってしまったよ。本当に惜しいことをした。」と、おじいさんがおばあさんと話していると、手に持っていた灰が急に風に吹かれて近くにあった木にふりかかりました。すると、不思議なことに、今まで枯れていた木がいっせいに花を咲かせました。周りはパァーと明るくなり、とてもにぎやかになりました。「これは不思議な灰だ。あぁ、きれいだね。そうだ、枯れ木に花を咲かせて、みんなを喜ばせてあげよう。きっとみんな大喜びするに違いない。」そう言って、ざるの中に灰を入れて、あちらこちらの枯れ木に灰をまいて歩きました。

낱말과 표현

風に吹かれる 바람에 날리다 | **ふりかかる** (비나 눈 등이 내려서 그 위에) 떨어지다 | **枯れる** 시들다, 마르다 | **いっせいに** 일제히 | **咲かせる** 꽃피우다 | **周り** 주변 | **パァー** 팍 | **にぎやか** 번화함, 떠들썩해짐 | **不思議** 이상함, 신기함 | **枯れ木** 고목, 마른 나무 | **喜ばせる** 기쁘게 하다 | **あちらこちら** 이쪽저쪽 | **まく** 뿌리다

「さあさ、枯れ木に花を咲かせましょう。花咲かじいさんですよ、さあさ、見てください。」と叫びながら、道を歩いて行きました。すると、遠くからお殿様の行列がやってきました。お殿様は「ほう、珍しいじいさんがいるものだ。すぐここに呼んで、芸を見せるようにしなさい。」と、家来に命令しました。お殿様に呼ばれたおじいさんは、「はい、やって見せます。やらせてください。ちちんぷいぷいちちんぷいぷい。枯れ木、お花が咲け！」と言うと、枯れ木は急に花盛りになりました。「おお、みごとだ！こんなに楽しい花見は初めてだ。花咲かじいさん、ありがとうよ。」と、お殿様はおじいさんにたくさんのごほうびをくれました。

낱말과 표현

叫ぶ 외치다 | **遠く** 멀리, 먼 곳 | **殿様** 영주님 | **行列** 행렬 | **珍しい** 드물다, 진귀하다 | **芸を見せる** 기예를 보이다 | **家来** 신하 | **命令する** 명령하다 | **呼ばれる** 불리우다 | **やる** 하다 | **やらせる** 하게 하다 | **ちちんぷいぷい** 쓱쓱 싹싹 | **花盛りになる** 꽃 천지가 되다, 꽃이 한창이다 | **みごとだ** 훌륭하다 | **花見** 꽃구경 | **初めて** 처음으로 | **ごほうび** 포상

またまたこのことを聞いた欲の深いおじいさんは、「隣のじいさんができるなら、私にだってできないことはない。」と言って、家に残っていた灰を全部ざるに入れて準備しました。何日か経って、殿様の行列がまたやってきました。欲の深いおじいさんは急いで道に走って行って言いました。「さあ、枯れ木に花を咲かせる花咲かじいさんです。枯れ木に花を咲かせます。」と、正直なおじいさんの真似をして言いました。お殿様は、「おお、あの花咲かじいさんか。もう一度やってくれるのか。」と言うと、欲の深いじいさんは早速桜の木に登って、「ちちんぷいぷい、枯れ木よ、花が咲け！」と、灰をまいて叫びました。しかし、花は一つも咲きません。欲の深いじいさんは慌てて灰を全部まきましたが、それでも花は一つも咲きません。それどころか、灰は風に吹かれてお殿様や家来の目や鼻に入ってしまいました。「あぁ、痛い、痛い。あれは偽物の花咲かじいさんだ。それ、つかまえろ。悪い奴だ、連れて行け！」と、お殿様は家来に命令しました。欲張りなおじいさんは縄にしばられ、とうとう連れて行かれてしまいました。

낱말과 표현

全部 전부 | **準備する** 준비하다 | **経つ** (시간이) 흐르다 | **急ぐ** 서두르다 | **真似をする** 흉내를 내다 | **桜の木** 벚나무 | **慌てる** 당황하다 | **目や鼻** 눈과 코 | **痛い** 아프다 | **偽物** 가짜 | **つかまえる** 붙잡다 | **悪い奴** 나쁜 놈 | **欲張り** 욕심쟁이 | **縄** 밧줄, 끈 | **しばられる** 포박당하다 | **とうとう** 결국 | **連れて行かれる** 끌려가다

01 ～ことに ～(하)게도

すると、不思議なことに、毎日ずんずんと大きくなって、立派な大木になりました。
그러자 신기하게도 매일 쑥쑥 자라서 멋진 큰 나무가 되었습니다.

화자의 감정이나 기분을 강조하는 표현입니다.

- 驚いたことに、そんなに若く見える彼女は、もう５０歳だということだ。
  놀랍게도 그렇게 젊어 보이는 그녀는 벌써 50세라는 것이다.
- ありがたいことに、無事に手術が終って、今はすっかり元気になった。
  고맙게도 무사히 수술이 끝나 지금은 완전히 건강해졌다.
- 困ったことに、どうしても相手の名前が覚え出せなかった。
  곤란하게도 아무리 해도 상대의 이름이 생각나지 않았다.

02 ～やら～やら ～와 ～와, ～하기도 하고 ～하기도 하고

二人はびっくりするやら嬉しいやらで、よいしょよいしょと小判を袋につめて、家に持って帰りました。
두 사람은 놀라며 기뻐하며 영차영차 금화를 자루에 담아서 집으로 가지고 돌아왔습니다.

- 結婚前は会場を予約するやらお客様のリストを確かめるやらで忙しい。
  결혼 전에는 식장을 예약하거나 손님 명단을 확인하거나로 바쁘다.
- お酒を飲みすぎて、頭が痛いやら気分が悪いやら、大変だった。
  술을 너무 마셔서 머리가 아프거나 속이 거북하거나 힘들었다.
- かばんの中には財布やら携帯電話やらが入っています。
  가방 안에는 지갑이나 휴대전화 등이 들어 있습니다.

03 ～に違いない ～임에 틀림없다

きっとあの臼でもちをついたら、たくさんのもち米が出てくるに違いない。 분명히 저 절구로 떡을 찧으면 많은 찹쌀이 나올 것임에 틀림없어.

'확실하게 ~것이다'라고 생각할 때 사용하는 표현입니다. 이 표현보다 좀 더 딱딱한 표현으로는 ～に相違ない가 있습니다.

…▸ 地球温暖化の問題を解決するのは難しいに違いない。
지구온난화의 문제를 해결하는 것은 어려울 것임에 틀림없다.

…▸ 大地震のせいで、被害者がたくさん出たに違いない。
큰 지진 탓에 피해자가 많이 나왔을 것임에 틀림없다.

…▸ この携帯電話は相当高いに違いない。デザインも機能もすばらしい。
이 휴대전화는 상당히 비싼 것임에 틀림없다. 디자인도 기능도 훌륭하다.

04 ～てたまらない ～해서 견딜 수 없다

• ポチは引っ張られて、苦しくてたまりません。
포치는 끌려가서 견딜 수 없이 괴로웠습니다.

• この話を聞いた欲の深いおじいさんとおばあさんはうらやましくてたまりません。
이 이야기를 들은 욕심 많은 할아버지와 할머니는 부러워서 견딜 수 없습니다.

'대단히 ~하다'의 의미로 감정이나 감각을 나타내는 형용사가 주로 옵니다.

…▸ 大学に合格して、嬉しくてたまらない。
대학에 합격해서 너무나 기뻐서 견딜 수 없다.

…▸ この部屋は家賃が安い。しかし、窓を開けると、車の音がうるさくてたまりません。
이 방은 집세가 싸다. 그러나 창문을 열면 자동차 소리가 시끄러워서 견딜 수 없습니다.

고급 10 こたえましょう

1 おじいさんが畑仕事をしている時、ポチはどうして一生懸命に土を掘ったのですか。

① 他に何もすることがなかったから

② 土の中に大きな虫がいたから

③ おじいさんに相手をしてもらいたかったから

④ 土の中にあるものを掘り出したかったから

2 ポチはどうして死んでしまったのですか。

① 宝物をさがすのに一生懸命働かされたから

② 土の中から出た石ころを食べてしまったから

③ 欲張りなおじいさんがポチを無理やり引っ張ったから

④ 欲張りなおじいさんがなぐりつけたから

3 欲張りなおじいさんとおばあさんがもちつきの話を聞いて、うらやましがったのはどうしてですか。

① 臼の中のもち米が急に増えたから

② 二人が作った臼がとても立派だったから

③ もちがとてもおいしくできたから

④ 松の木がとても立派な大木になったから

4 欲張りなおじいさん達がもちをつき始めた時、どうなりましたか。

① 臼が割れてしまった

② くさい米がたくさん出てきた

③ 臼の中の米がなくなってしまった

④ 臼の中からくさい臭いがした

5 正直なおじいさんの話を聞いて、欲張りなおじいさんは何をしましたか。

① 正直なおじいさんの真似をして、枯れ木に花を咲かせました

② 家に残っている灰を準備して、お殿様の住むお城に行きました

③ 正直なおじいさんの真似をして、灰をまいて叫びました

④ 正直なおじいさんの持っている灰をもらいました

6 正直なおじいさんが、土を掘って見つけたものは何ですか。

7 正直なおじいさんとおばあさんの隣に住んでいたのはどんな人でしたか。

8 正直なおじいさんとおばあさんは、ポチの死体の横に何を植えましたか。

9 形見の臼の灰が、近くの木にふりかかった時に起こった不思議なことはどんなことですか。

10 欲張りなおじいさんは、どうなりましたか。

すずめのひょうたん

참새의 조롱박

옛날 옛날 어느 곳에 심술궂은 할머니가 있었습니다. 어느 날 할머니는 마당에 앉아서 옷을 만들고 있었습니다. 그러자 참새가 파닥파닥 날아와서 짹짹 귀여운 목소리로 울었습니다. 할머니는 참새에게 말했습니다. "시끄러워. 일을 못 하겠네. 조용히 해!" 하지만 참새는 할머니의 말을 듣지 않습니다. 짹짹 울며 할머니 곁에서 놀고 있었습니다. 그러자 할머니는 화가 나서, 참새에게 가위를 에잇하고 던졌습니다. "짹! 아파!" 참새는 다리에 상처를 입었습니다. 참새는 너무나도 아픈 듯이, 짹짹 울면서 옆집으로 도망갔습니다.

이웃집에는 착한 할머니가 살고 있었습니다. 참새가 옆집으로 가자 착한 할머니가 나와서 참새에게 말했습니다. "이런 불쌍하게도. 다쳤구나. 다리에서 피가 나고 있어. 다쳐서 잘 날 수 없겠구나. 약을 발라 주마." 할머니는 참새의 상처가 낫도록 약을 발라 주었습니다. "짹짹. 할머니, 정말 고맙습니다. 짹짹." 참새는 할머니에게 인사를 하고 멀리 날아갔습니다.

그리고 나서 또 어느 날. 할머니가 마당에 앉아 있자 한 마리의 참새가 날아왔습니다. 자세히 보자 다쳤던 참새였습니다. 할머니는 "아 다쳤던 참새구나. 이제 상처는 다 나은 거 같구나. 다행이야, 다행이야."라고 말했습니다. 그러자 참새는 할머니의 발 앞 근처에 톡하고 작은 한 알의 씨앗을 떨어뜨리고 갔습니다. 할머니는 "응? 뭐지? 뭔가 떨어뜨리고 갔는데. 아 이거 조롱박 씨앗이구나. 참새가 준 귀여운 선물이니까 심어 봐야지."라고 말했습니다. 할머니는 바로 조롱박 씨앗을 심었습니다. 그러자 싹이 나고, 잎이 나고, 넝쿨이 길게 자라서 쑥쑥 커졌습니다. 할머니는 매일 조롱박의 열매를 땄습니다. "참으로 멋진 조롱박이구나! 이렇게 큰 조롱박에는 무엇을 넣을까......"라고 말했습니다.

할머니가 잠시 생각하고 있는 동안에 조롱박 안에 뭔가 들어간 모양입니다. "어라? 이상하네. 아직 안에 아무것도 넣지 않았는데."라고 이상하게 생각했습니다. 할머니는 조롱박을 흔들어 보자, 웬걸, 쌀이 마구 쏟아졌습니다. "이거 대단한 걸! 신기한 조롱박이구나. 우르르 쌀이 쏟아져 나오는데." 할머니는 기뻤습니다. 그리고 할머니가 그 쌀로 밥을 짓자 달고 맛있는 밥이 되었습니다. 참새는 착한 할머니에게 도움을 받았기 때문에, 그 답례로 조롱박 씨앗을 떨어뜨리고 간 것입니다.

할머니는 "참새야 참새야. 상처를 치료해 준 일, 쭉 잊지 않고 있었구나. 나도 감사의 말을 해야겠구나. 고마워." 참새를 떠올리며 말했습니다. 할머니는 매일 참새를 생각하면서 조롱박 안에서 쌀을 꺼내서 그 쌀을 먹으며 생활했습니다. 그 모습을 보고, 이웃의 심술궂은 할머니는 "아아 좋겠다. 나도 참새에게 착하게 대해 주었더라면, 저렇게 맛있는 밥을 매일 먹을 수 있었을 텐데. 아아 바보 같은 짓을 했어."라며 착한 할머니를 항상 부러운 듯이 바라보았다고 합니다.

かさ地蔵(じぞう)

삿갓 쓴 지장보살님

옛날 옛날 어떤 곳에 돈이 없는 가난한 할아버지와 할머니가 살고 있었습니다. 내일은 설날이기 때문에 근처 집들로부터 쿵덕쿵덕 떡 찧는 소리가 들려옵니다. 하지만 할아버지와 할머니에게는 떡을 살 돈도 없습니다. "할아범, 어떡하면 좋겠소. 설날 준비도 못 하고……" 할머니가 말하자 할아버지는 "그럼 내가 읍내에 가서 장작을 팔아 오겠소."라며 장작을 가지고 마을로 나갔습니다.

할아버지는 읍내에 도착하자 "장작은 필요 없습니까? 장작은 필요 없습니까?"라고 장작을 팔기 위해 큰 목소리를 내었습니다. 하지만 아무도 사주지 않습니다. 그리고 마침내 눈도 나풀나풀 내렸습니다. 할아버지는 "아아, 하나도 팔지 못 했구나. 배도 고프고 피곤하구나."라며 거리를 걷고 있었습니다. 그러자, 삿갓을 파는 남자를 만났습니다. 그 남자가 "할아버지, 어떠세요? 장작은 팔렸나요?"라고 묻자 할아버지는 "아닐세, 팔리지 않네. 이런, 이대로 집에도 돌아갈 수 없고……"라고 대답했습니다. 두 사람은 어떻게 해야 하나 생각했습니다.

"같은 것을 가지고 돌아가도 소용없고. 제 삿갓을 할아버지께 드릴 테니까 그 대신 할아버지의 장작을 주세요." 남자는 말했습니다. 할아버지는 "그럼, 그렇게 하세."라고 말하고 남자에게 장작을 건네주고 그 대신에 삿갓을 받았습니다. “이런이런, 꽤 늦었군. 할멈이 목 빠지게 기다리고 있겠는걸.”이라며 삿갓을 가지고 서둘러 집으로 돌아갔습니다. 눈은 자꾸 내려 주변은 하얗게 되고 조금씩 어두워졌습니다. 할아버지는 “아이구 춥다, 추워! 빨리 돌아가야지.”라며 얼굴을 들자, 지장보살님이 여섯 분 사이좋게 서 계셨습니다.

할아버지는 “이런이런, 이러면 지장보살님도 추우시겠구나.”라며 머리에 쌓인 눈을 털어 드렸습니다. 그리고 자기가 가지고 있던 삿갓을 하나씩 지장보살님께 씌워 드렸습니다. 그런데 곤란하게도 삿갓이 하나 부족합니다. “이런 큰일이군. 어떡하면 좋을까.” 할아버지는 잠시 생각했습니다. 그리곤 자신이 쓰고 있던 수건을 벗어서 지장보살님께 씌워 드렸습니다. 할아버지는 자신이 추운 것도 잊고 “아아 이걸로 괜찮군. 다행이야.”라고 안심하였습니다. 그리고 할아버지는 지장보살님께 절을 하고 서둘러서 집으로 돌아갔습니다.

집에는 할머니가 애타게 기다리고 있었습니다. 할아버지가 “돌아왔네. 걱정했겠구먼.”이라고 하자 “할아범, 이렇게 늦게 무슨 일 있었나요? 밖은 추웠지요. 얼른 들어 오시구려.”라고 말했습니다. 할아버지는 오늘 있었던 일을 할머니께 들려 주었습니다. “삿갓을 파는 남자를 만났는데. 남자는 삿갓이 팔리지 않고 나도 장작이 팔리지 않고. 그래서 남자에게 장작을 주고 대신에 삿갓을 받았다오. 그런데 돌아오는 길에 눈 속에 계신 지장보살님을 보고 말이지. 지장보살님이 추울 것 같아서 지장보살님의 머리에 삿갓을 씌워 드렸다오.”라고 하자, 할머니는 상냥하게 “그거 참 좋은 일을 하셨군요. 지장보살님도 따뜻해지셔서 분명히 기뻐하셨을 거예요.”라고 말했습니다. 그날 밤, “올해 설날은 아무것도 없지만 부처님께 용서를 빌어야지요.” 두 사람은 말하고 “ 부처님, 올해는 부처님께 아무것도 드릴 것이 없어서 죄송합니다. 내년은 둘이서 더 열심히 살 테니까 기다려 주세요.”라고 기도했습니다. 그리고 두 사람은 아무것도 없이 바로 잠들어 버렸습니다.

그리고 다음 날 아침. 멀리서 이상한 소리가 들려 왔습니다. "어기 영차, 어기 영차 영차 영차." 뭔가 무거운 물건을 나르는 소리 같습니다. 두 사람은 "뭐지? 이렇게 이른 시간에. 뭘 하고 있는 걸까. 이렇게 일찍부터 축제는 없을 테고……"라고 말하며 집 밖으로 나가 보았습니다. 그러자, 웬걸, 거기에는 커다란 상자가 쿵하고 놓여져 있었습니다. 상자 안에는 쌀이나 야채가 많이 들어 있었습니다. "아아 그 지장보살님이 가져다 주셨구나."라고 할아버지와 할머니는 먼 곳을 보았습니다. 거기에는 눈 속을 점점 멀어져 가는 여섯 분의 지장보살님이 계셨습니다. 그것을 보며 두 사람은 조용히 감사의 인사를 드렸습니다. "지장보살님, 일부러 와 주셔서 고맙습니다. 덕분에 좋은 설날을 맞이하게 되었습니다. 정말로 고맙습니다."

ねずみの嫁入り(よめい)

쥐의 시집가기

옛날 옛적 어떤 쥐의 집에 너무나도 귀여운 딸이 있었습니다. 딸은 어느덧 결혼할 나이가 되었기 때문에 근처의 사람들이 "부디 우리 집 며느리로 주게나."라고 부탁하러 왔습니다. 하지만 아버지 쥐와 어머니 쥐는 "이런 귀여운 딸을 평범한 집에 주는 것은 아까워. 역시 딸의 결혼 상대는 세계에서 가장 훌륭한 분이 아니면 안 돼."라고 생각했습니다. "여보, 우리 딸에 딱 맞는 사윗감은 누굴까?" 하고 아버지 쥐가 묻자 "세계에서 가장 훌륭한 분은 온 세상을 밝게 할 수 있는 해님이시겠죠. 해님에게 보내면 가장 좋아요." 어머니 쥐는 대답했습니다.

아버지 쥐는 해님에게 큰 목소리로 부탁했습니다. "해님, 당신은 온 세상을 밝게 하실 수 있습니다. 그러니까 세계에서 가장 강하고 훌륭한 분이십니다. 당신이 저의 귀여운 딸을 받아 주기 바랍니다."라고 말했습니다. 그러자 해님이 말씀하셨습니다. "그거 고맙습니다. 하지만 저보다도 더 대단한 분이 계십니다." 아버지 쥐는 "헤에, 해님보다 강하고 대단한 분이 계십니까? 그분은 누구십니까?"라고 묻자 "그분은 구름 님입니다. 제가 아무리 노력해도 구름 님이 제 앞에 와 버리면 더는 온 세상을 밝게 할 수 없으니까요."라고 해님이 말했습니다. "그런가, 과연." 아버지 쥐와 어머니 쥐는 생각했습니다.

다음으로 구름 님을 만나러 갔습니다. “구름 님, 당신은 해님보다도 힘이 세고 훌륭한 분이십니다. 딸을 받아 주세요.”라고 부탁했습니다. 그러자 구름이 말했습니다. “아니요. 그렇지 않습니다. 저보다도 바람 님이 훨씬 강하고 대단한 분이십니다. 바람 님이 오셔서 후하고 불면, 아무리 용을 써도 저는 멀리 날아가 버리니까요.”라고 말했습니다. 그때 휙하고 바람이 불고 바람 님이 오셨습니다. “꺄~”라고 구름님은 바람 님의 힘 때문에 멀리 날아가 버리고 말았습니다. 아버지 쥐와 어머니 쥐는 “과연.”이라고 생각했습니다.

그리고 이번에는 바람 님에게 부탁했습니다. “세계에서 가장 대단하신 바람 님. 딸을 받아 주세요.” 그러자 바람은 “아니요, 그렇지 않아요. 잘 생각해 보세요. 저보다 강한 것은 벽 님이십니다. 제가 아무리 강하게 불어도 조금도 움직이지 않으니까요. 갑니다. 휙.” 벽은 바람을 휙하고 맞아도 시원한 얼굴로 웃고 있었습니다. 아버지 쥐와 어머니 쥐는 이번에는 벽에게 말했습니다. “세계에서 가장 강한 벽 님, 제 딸을 받아 주세요.” 그러자 벽은 “아니요. 저보다 훨씬 강하고 훌륭한 것은 쥐 님입니다. 제가 아무리 노력해도 쥐 님의 이빨에는 당해낼 수 없습니다. 바로 이로 갉혀서 구멍이 생겨 버리니까요.”라고 말했습니다.

아버지 쥐와 어머니 쥐는 “과연, 과연” 그리고 활짝 웃으며. “그런가! 세상에서 가장 훌륭한 것은 역시 쥐였던 건가. 어째서 지금까지 몰랐을까” “자, 딸의 결혼상대는 역시 쥐로 합시다.”라고 아버지 쥐와 어머니 쥐는 결정했습니다. 그리고 근처의 매우 훌륭한 쥐와 딸을 결혼시켰습니다. 그리하여 쥐들은 모두 행복해졌습니다.

塩吹(しおふ)きうす

소금이 나오는 맷돌

옛날 옛날 어느 곳에 아버지와 두 명의 아들이 살고 있었습니다. 아버지는 말 50마리와 소 1000마리를 가지고 있었습니다. 어느 날, 아버지는 과로로 병들어 버렸습니다. 아버지는 두 명의 아들을 불러서 "내가 죽거든 둘이서 말과 소를 반씩 나누거라."라고 하고 돌아가셨습니다. 욕심쟁이 형은 아버지가 말한 것을 잊고 남동생에게 말 10마리와 소 20마리밖에 주지 않았습니다. 그리고 남은 말과 소는 형이 전부 가져 버렸습니다. 하지만 얌전한 남동생은 형에게 아무 말도 하지 않고 열심히 일했습니다.

그러던 어느 날 하얀 수염의 할아버지가 남동생을 찾아왔습니다. "저는 하느님께 부탁 받고 왔습니다만, 말과 소를 15마리 빌려 주실 수 없겠습니까?"라고 말했습니다. "하느님을 위해서라면 기꺼이 드리겠습니다." 남동생은 말하고 하얀 수염의 할아버지에게 말과 소를 바로 건네 드렸습니다. 할아버지는 기뻐하며 "고맙습니다. 하지만 이렇게 많이 받는 것도 미안하니까 대신 이 맷돌을 드리지요."라고 말하고 "이것은 보통 맷돌이 아닙니다. 자신이 갖고 싶은 물건의 이름을 말하고 빙글빙글 돌리면 뭐든지 나오는 마법의 맷돌입니다."라고 했습니다. "이런 특별한 것을, 고맙습니다." 남동생은 감사인사를 드렸습니다.

그리고 남동생은 맷돌을 돌려 보았습니다. "쌀아, 나와라 나와라!"라고 하자 쌀이 우르르 쏟아졌습니다. "맛있는 과자, 나와라 나와라!"라고 하면 과자가 나옵니다. "이런 얼마나 멋진 맷돌인가. 모두를 불러서 대접해야지."라고 생각하고 남동생은 모두를 불렀습니다. "설탕, 나와라 나와라! 과자, 나와라 나와라!"라고 하면 자꾸자꾸 말한 물건이 나오기 때문에 "아아 재밌다! 대단한데."라고 모두 매우 기뻐하며 우적우적 아작아작 먹었습니다. "이번에는 단 것이 아니라, 매운 것도 나올까."라고 하자 매운 것이 나왔습니다. 남동생은 기뻐서 "그럼, 이번에는 소금을 꺼내야지. 소금아 나와라 나와라!"라고 말해 보자 역시 잔뜩 나왔습니다.

형은 남동생이 빙글빙글 맷돌을 돌리는 것을 계속 보고 있었습니다. 형은 맷돌이 너무나 가지고 싶어졌습니다. 그래서 남동생이 잠깐 자리를 비운 사이에 형은 맷돌 앞에 와서 "이 맷돌은 내 꺼다. 잘 받을게!"라고 하고 남동생의 맷돌을 가져가 버렸습니다. 남동생은 놀라서 급히 형의 뒤를 쫓아갔습니다. "어이 형! 너무해. 내 맷돌 돌려줘. 소중한 맷돌이니까 돌려줘."라고 큰 소리로 말했습니다. 그러나 형은 점점 멀리 도망갔습니다. 그리고 바다에 도착하자 배를 타고 서둘러 가 버렸습니다. 형을 보면서 남동생은 슬퍼서 울었습니다.

"아 다행이다. 여기까지는 쫓아오지 않겠지."라며 형은 웃었습니다. 그러자 맷돌이 휙하고 소금을 뿜어내고 멈추지 않았습니다. "아아 어라? 뭔가 일어났는데. 아 어떡하지. 멈추는 법을 모르는데."라고 형은 곤란해 했습니다. 금방 배는 소금으로 가득 차서 무거워서 가라앉을 것 같습니다. "큰일이다. 가라앉아 버린다! 맷돌아 멈춰, 멈춰!"라고 큰 소리로 말했습니다. 하지만 멈추게 할 말을 모릅니다. 맷돌은 빙글빙글 계속 돌았습니다. 소금이 계속 나와, 무거워져 부글부글 가라앉아 갑니다. "사 살려줘! 살려줘!" 하지만 주위에는 아무도 없습니다. 결국 형은 맷돌과 함께 가라앉고 말았습니다. 지금도 맷돌은 바다 깊은 곳에서 빙글빙글 돌면서 소금을 내고 있겠지요. 그래서 바닷물은 짠 것이라고 합니다.

つる　おんがえ

鶴の恩返し

은혜 갚은 학

옛날 옛날 어느 곳에 할머니와 아들이 둘이서 살고 있었습니다. 어느 날, 두 사람이 밭일을 하고 있는데 한 마리의 학이 내려왔습니다. "어머 무슨 일이라도 있는 걸까? 어딘가 모습이 이상한걸. 가 보자."라고 두 사람은 말하고 가까이 가 보자, 학이 발과 날개에 부상을 입고 있었습니다. "아프겠구나. 불쌍하니까 집에 데리고 가서 상처를 치료해 줘야지."라고 하고 학을 집으로 데리고 돌아갔습니다. 며칠이 지나 학은 건강해지고 날개를 크게 펴고 푸른 하늘로 돌아갔습니다. "다행이구나 다행이구나. 조심해서 가렴." 두 사람은 멀리 사라져가는 학에게 말했습니다.

그리고 나서 며칠인가 지난 어느 날 밤, 집의 문을 똑똑 두드리는 소리가 났습니다. 할머니가 열어 보자 거기에는 한 명의 아가씨가 서 있었습니다. "이렇게 늦은 밤에 죄송합니다. 실은 길을 잃어 버렸습니다. 가능하다면 오늘 밤 재워 주지 않겠습니까?"라고 말했습니다. "저런 이렇게 추운 밤에 그거 큰일이군. 자 안으로 들어 오세요." 할머니는 아가씨를 방으로 들여 보냈습니다. 아가씨에게 차를 내고 얼굴을 보자 너무나도 예쁘고 귀여운 아가씨였습니다. 할머니는 아가씨가 매우 마음에 들었습니다. 그래서 아가씨에게 말했습니다. "당신과 같은 귀여운 아가씨가 집에 있다면 좋겠네요. 우리 아들은 아직 아내가 없어서. 괜찮다면 아들의 신부가 되어 주지 않을래요?" 그러나 아가씨는 얼굴을 빨개지면서 "네 좋아요. 저를 며느리로 삼아 주세요."라고 대답했습니다. 할머니와 아들은 기뻐서 아가씨를 맞아들였습니다.

며느리가 된 아가씨는 마음이 착하고 열심히 일하는 사람이었습니다. 그리고 어머니와 아들에게 잘 대해 주었습니다. 그러나 집은 좀처럼 풍요해지지 않았습니다. 할머니는 며느리에게 말했습니다. "너 같은 귀여운 며느리가 생겼는데, 계속 가난해서 면목이 없구나." 아들도 "당신에게는 좋은 옷도 사주지 못 하고 고생만 시키는군."라고 말했습니다. 그러나 아가씨는 "아니요, 저는 괜찮아요. 저는 아무것도 못 하지만 유일하게 할 수 있는 일이 있습니다. 그것은 베 짜기입니다. 이것을 하면 조금이라도 생활에 도움이 줄 수 있습니다. 어머님의 베 짜는 방을 빌려 주세요."라고 했습니다. "나는 벌써 나이를 먹어서 베 짜기는 할 수 없으니까 좋을 대로 사용하렴." 할머니는 며느리에게 베 짜는 방을 물려 주었습니다. "오늘부터 바로 베 짜기를 시작합니다만 한 가지 약속을 해 주세요. 제가 베 짜기를 하는 것을 절대 보지 말아 주세요."라고 며느리는 말하고 아침부터 밤까지 방에 들어가서 덜커덕덜커덕 열심히 베를 짜는 일을 계속했습니다.

며칠이나 걸려 며느리가 만든 천은 정말로 훌륭한 것이었습니다. "어떻게 이렇게 훌륭한 천을 짤 수 있는 걸까. 적어도 한 번이라도 좋으니까 베 짜는 모습을 보고 싶은 거야."라며 할머니와 아들은 이상하게 생각했습니다. 그리고 두 사람은 결국 참지 못 하고 며느리와의 약속을 어기고 방 안을 들여다보고 말았습니다. 두 사람은 "아 이럴 수가! 하, 학이다! 학이 베를 짜고 있어."라고 소리를 질렀습니다.

그때 학이 바로 며느리의 모습이 되어서 나왔습니다. 그리고 "어떤 일이 있어도 그렇게 보지 말아 달라고 약속했는데....... 이제 틀렸어요. 저의 본 모습을 알아 버렸기 때문에 여기에 있을 수 없습니다. 사실은 저는 부상을 입은 그때의 학입니다. 살려주신 답례로 여기에 온 것입니다. 지금까지 신세를 졌습니다. 여러 가지로 정말 감사드립니다." 며느리는 말하고 금세 학으로 변해 하늘 저편으로 날아갔습니다. 집 주위를 몇 번이고 몇 번이고 돌고는 너무나도 쓸쓸한 듯이 꺽꺽 울면서 날아갔습니다.

あかちゃんおじいさん

아기가 된 할아버지

옛날 옛날 어느 곳에 할아버지와 할머니가 살고 있었습니다. 할아버지도 할머니도, 허리는 구부러지고 이도 빠지고 눈도 조금밖에 보이지 않게 되었습니다. "할멈, 나는 나이를 먹은 나 자신이 정말로 싫소. 다시 한 번 젊어지는 방법은 없을까? 꿈에서라도 좋으니까." 할아버지가 말하자, 할머니는 "저도 그렇게 생각해요. 저도 건강해져서 젊어질 수 있다면요."라고 했습니다.

어느 날 할머니는 마을로 물건을 사러 갔습니다. 그 사이에 할아버지는 마당에서 햇볕을 쬐거나 마당의 풀을 뽑거나 하고 있었습니다. 그런데 "저 왔어요."라고 할머니의 목소리가 들렸습니다. 급히 할머니 쪽으로 돌아보자 젊은 아가씨가 서 있지 않겠습니까? "아 뭐라고. 할멈이라고 생각했더니 아닌 모양이군. 그런데 당신은 누구십니까?"라고 할아버지가 물었습니다. 그러나 젊은 아가씨는 "후후, 할아범. 저예요. 여기 할멈이라우. 여기 봐요."라고 했습니다. 할아버지는 놀라서 아가씨를 머리 위에서 발끝까지 뚫어져라 쳐다보았습니다. 젊은 아가씨는 할머니의 옷을 입고 있었습니다. "어라? 역시 할멈임에 틀림없어. 어떻게 갑자기 젊어진 걸까? 놀랄만한 일이 있는 거야." 할아버지는 말했습니다.

할머니는 신기한 사건을 이야기하기 시작했습니다. "물건을 사고 돌아오는 길에 세 그루의 소나무 옆을 지나는데 맑은 샘물이 나오고 있는 거예요. 너무 맛있어 보였기 때문에 나도 모르게 한입 마셨어요. 그랬더니 갑자기 머리카락은 검어지고 주름은 없어지고 허리도 펴지고 눈도 좋아지고 나도 모르는 사이에 갑자기 젊어져 있는 거예요."라고 했습니다. 할아버지는 기뻐하며 "그거 좋은 이야기일세. 그것이 정말이라면 나도 젊어질 수 있을 거요. 빨리 나도 갔다 올 테니까 기다리고 있게나."라고 하며 나갔습니다.

그런데 저녁이 다 되어도 밤이 깊어도 할아버지가 돌아오지 않아서 할머니는 걱정이 되었습니다. "이상하네. 이런 시간이 되어도 돌아오지 않다니. 무슨 일이라도 있는 걸까? 찾으러 가 봐야겠어."라고 할머니는 보러 가기로 했습니다. 할머니는 젊은 아가씨처럼 기운이 났기 때문에 지팡이도 짚지 않고 달려서 할아버지를 찾으러 갔습니다. " 할아범~ 할아범~ 어디예요?"라고 외치면서 할아버지를 찾았습니다.

마침내 세 그루의 소나무가 있는 곳에 도착했습니다. 그러나 할아버지의 모습은 어디에도 없습니다. 문득 보니 깨끗한 샘물 옆에 한 명의 아기가 "응애~ 응애~"하고 울고 있었습니다. 배가 고픈 모양입니다. 잘 살펴보니 아기는 할아버지의 옷을 입고 있었습니다. 할아버지는 너무 많은 물을 마셔서 젊어지기는커녕, 아기가 되어 버린 것이었습니다. "이런, 어째서 이런 일이......" 할머니는 말했습니다. 아기가 된 할아버지는 계속 울었습니다. "착하지 착하지 자아 울지마." 할머니는 한 번 더 아기가 된 할아버지를 키웠습니다.

かにのあだ討ち

게의 복수

옛날 옛날 원숭이와 게가 산으로 놀러 갔습니다. 게는 맛있어 보이는 주먹밥을 줍고 원숭이는 감나무 씨를 주웠습니다. "아아 좋은 걸 주웠다. 이것은 맛있을 거 같다. 빨리 먹어야지!" 게가 큰 입을 벌리고 먹으려고 하자, 원숭이는 게의 주먹밥이 먹고 싶어서 "게야, 게야, 그 주먹밥과 나의 감나무 씨를 교환하자."라고 원숭이가 말하자 게는 "말도 안 돼. 감나무 씨 따위는 먹을 수 없잖아."라고 했습니다. "하지만 주먹밥은 먹어 버리면 끝이지만 감나무 씨는 심으면 달콤한 감이 잔뜩 열리잖아."라는 원숭이의 말에 게는 잠시 생각했습니다. 그리고 "그럴까? 감나무 씨는 좋은 거구나. 그럼 교환하세."라고 하고 게는 즉시 주먹밥과 원숭이가 주운 감나무 씨를 교환했습니다. 원숭이는 "우적우적우적, 아~ 맛있다."며 바로 주먹밥을 먹어 버렸습니다.

게는 감나무 씨를 소중하게 가지고 돌아와 마당에 심었습니다. 그리고 매일 정성을 들여 물을 주었습니다. 게는 감나무 씨에게 말했습니다. "얼른 싹을 내렴, 감나무 씨야. 내지 않으면 땅을 파고 씨를 꺼내 버릴 거야." 감나무 씨는 깜짝 놀라서 허둥지둥 싹을 내었습니다. 게는 기뻐하며 또 감나무 싹에게 말했습니다. "얼른 싹을 내렴. 감나무 씨야. 내지 않으면 잎을 잘라 버릴 거야." 감나무는 또 당황해서 바로 잎을 내었습니다. 감나무는 잘리면 아프고 곤란할 거라고 생각해서 금세 자라 그리하여 멋진 나무가 되었습니다. 게는 기뻐하며 더욱 감나무에게 말했습니다. "얼른 열매가 되렴, 감나무 씨야. 되지 않으면 뿌리를 뽑아 버릴 거야." 감나무는 서둘러 빨갛고 맛있는 열매를 맺었습니다. "와아 빨갛게 되었다. 지금이 딱 먹을 때구나!"라고 게는 기뻐서 나무로 다가갔습니다.

그러나 게는 곤란했습니다. 게는 나무에 오를 수 없기 때문입니다. 그곳에 원숭이가 와서 재빨리 나무에 올라가서 자기만 감나무 열매를 우적우적 맛있다는 듯이 먹기 시작했습니다. "아, 맛있다. 맛있어. 둘이 먹다가 하나가 죽어도 모를 정도로 맛있어."라며 몇 개나 먹어 버렸습니다. 그것을 보고 있던 게가 "원숭이야 자기만 먹지 말고 나에게도 줘."라고 하자 "흥! 감나무 열매는 원래 내가 주웠던 거야. 그러니깐 내 꺼야." 원숭이는 하나도 게에게 주지 않습니다. "하지만, 내가 매일 물을 주고 소중하게 길렀어. 내 꺼야." 라고 게가 말했습니다. 그러자 원숭이는 갑자기 아직 파랗고 먹을 수 없는 감 열매를 게에게 던졌습니다. 원숭이가 던진 감나무 열매는 게의 등에 부딪혀 불쌍하게도 게는 으깨져 죽어 버렸습니다.

그것을 보고 있던 게의 새끼들은 모두 엉엉 울었습니다. 그리고 그때 한 마리의 형 게가 말했습니다. "울고 있을 수 없어. 모두 힘을 합쳐 어머니의 복수를 해야만 해." "좋아, 저 나쁜 원숭이를 혼내주러 가자!" "그래! 그래! 모두 이제 우는 일은 그만두자." 게의 새끼들은 일제히 말했습니다. 그러자 마침 그곳을 벌이 붕하고 날아왔습니다. 벌은 새끼 게들로부터 이야기를 듣고는 "못된 원숭이군! 복수할 거라면 도와줄게."라고 한편이 되었습니다. 원숭이 집을 향해 조금 가자 이번에는 밤이 데굴데굴 굴러왔습니다. 밤도 이야기를 듣고는 새끼 게들에게 말했습니다. "어미 게의 복수라니, 그거라면 나도 가담할래."

벌과 밤이 붕, 데굴데굴하고 굴러가자 이번에는 절구가 쿵쿵 소리를 내며 왔습니다. 그리곤 이야기를 듣고는 절구도 말했습니다. "못된 원숭이로군! 그런 이야기를 듣고 가만히 있을 수 없지. 나도 사용해 줘." 그리하여 모두 모여서 데굴데굴, 붕, 쿵쿵 원숭이 집으로 몰려갔습니다. 살짝 집안을 살펴보니 원숭이는 없는 모양입니다. "어라? 원숭이가 없어. 그래 지금 숨자." 새끼 게와 동료들은 각각 집 안에 숨었고 그리고 마지막으로 절구는 지붕에 올라갔습니다. "나쁜 원숭이 같으니. 빨리 돌아오지 않나. 빨리 혼내줘야 할 텐데......" 모두가 원숭이의 귀가를 기다리고 있었습니다.

마침내 기다리던 원숭이가 돌아왔습니다. "오~ 오늘은 어쩌면 이렇게 추울까. 호호~ 춥다."라고 원숭이는 말하면서 화로에서 몸을 녹이려고 했습니다. 그 순간 불에 구워진 밤이 팍하고 원숭이에게 부딪쳤습니다. "게의 복수다! 받아라!" 밤이 말하자, 원숭이는 "앗 뜨거! 뜨거워!"라고 소리쳤습니다. 화상을 입은 원숭이는 "데인 곳에는 기름을 바르면 좋을지도 몰라. 아아 아파, 정말 아프다."라며 기름통으로 달려갔습니다. 그러나 기름통 안에서 벌이 날아올라서 "이놈! 게의 복수이다! 해치워라!"라고 콕콕 원숭이를 침으로 찔렀습니다. "아악, 아파! 아야야~! 무, 물, 물......" 원숭이는 비명을 지르며 물통이 있는 곳으로 굴러갔습니다.

그런데 이번에는 물통에 있던 새끼 게들이 일제가 달려 들어서 집게 발로 싹둑싹둑 원숭이를 베었습니다. "아 아파! 아프다구! 살려줘!" 원숭이는 도망쳤습니다. 그러나 지붕에는 절구가 기다리고 있었습니다. 집에서 도망친 원숭이 위로 절구가 쿵하고 떨어졌습니다. "으악~~~!"원숭이는 납작하게 찌부러져 버렸습니다.

おいもころころ

감자 데굴데굴

옛날 어느 곳에 촌장이 있었습니다. 촌장은 새집을 지었기 때문에 마을 사람들을 집으로 불러서 모두 같이 식사를 하려고 생각했습니다. 그래서 촌장은 마을 사람들에게 "새집이 완성되었으니 놀러 오세요. 한턱 내겠습니다."라고 여기저기 말했습니다. 마을 사람들은 촌장에게 초대받고 기뻤습니다만, 한 가지 걱정이 있었습니다. 마을 사람 중 한 사람이 말했습니다. "곤란한걸. 나는 맛있는 것을 먹을 수 있다는 것은 기대되지만, 예절을 모르겠군. 어떡하지...... 만약 촌장님 앞에서 실례되는 일이라도 하면 큰일인데" 그러자 다른 마을 사람들도 "나도 모르는데" "나도 전혀 몰라. 어떡하지......" 마을 사람들은 어쩔 줄을 몰랐습니다. "맞아! 뭐든지 아는 만물박사인 겐안 님 댁에 가서 물어보자." "아 그 의사분인 겐안 님인가." "그래 그래! 모두 가 보자." 마을 사람들은 저마다 한마디씩 말을 하며 즉시 겐안 님의 댁으로 우르르 나갔습니다.

겐안 님 댁에 도착하자 마을 사람들은 "겐안 님, 부탁이 있습니다. 우리들은 촌장님 댁에 초대를 받았습니다만, 실은 예절을 모르기에 곤란합니다. 부디 가르쳐 주십시오."라고 말했습니다. 겐안 님은 "알겠습니다. 걱정하지 마십시오. 제가 가르쳐 드리지요. 나와 함께 가서 배우는 것이 가장 좋은 방법입니다. 그럼 모두 나갑시다."라고 하고 겐안 님은 옷을 갈아입기 시작했습니다. 마을 사람들도 겐안 님과 같이 옷을 갈아입었습니다. 그러나 마을 사람들에게 있어서 처음으로 입는 기모노이어서 짧거나 길거나 끈이 하나 없거나...... 등의 이상한 모습이 되었습니다. "자 그럼 갑시다." 겐안 님은 앞장서서 걷기 시작했습니다. 그리고 그 뒤를 마을 사람들이 줄지어 따라갔습니다.

그리하여 촌장님 댁에 도착했습니다. 촌장님은 "여어, 잘 와 주셨습니다. 자 들어 오세요." 라고 웃으며 집 안으로 안내해 주었습니다. 그리고 넓디 넓은 방으로 안내해 주었습니다. 그리고 맛있는 음식들이 날라져 와서 마을 사람들 앞에 놓여졌습니다. 모두 배가 고팠기 때문에, 꾸르륵 뱃속에서 소리가 나거나 꿀꺽 침을 삼키는 소리가 나거나 여러 가지 소리가 들렸습니다. "자 어서 드세요."라고 촌장이 말했습니다. 겐안 님이 "네, 잘 먹겠습니다. "라고 말하자 마을 사람들도 겐안 님을 흉내내서 큰 소리로 "잘 먹겠습니다~!"라고 했습니다.

너무나도 모두의 목소리가 컸기 때문에 겐안님은 그것을 그만두게 하려고 "에 에헴 에헴." 이라고 헛기침을 했습니다. 그러자 마을 사람들도 겐안 님과 똑같이 "에 에헴 에헴."이라고 흉내를 냅니다. 겐안 님은 부끄러워서 얼굴이 빨개졌습니다. "아아 어떡하지. 부끄럽다. 누구 하나 나의 기침의 의미를 몰라주다니...... 아아 구멍이 있으면 들어가고 싶구나."라고 혼잣말로 중얼거렸습니다. 겐안 님은 여기에서 빨리 돌아가고 싶다고 생각했습니다. "그래. 빨리 돌아가기 위해서는 빨리 먹어 버리면 되는 거야." 겐안 님은 그렇게 생각하고 빨리 먹어 버려야지라고, 당황해서 젓가락으로 감자를 집었습니다.

그러자 감자가 미끈하고 미끄러져서 다다미에 데굴데굴 떨어져 버렸습니다. "앗 이런! 무슨 짓을." 겐안 님이 말하자 마을 사람들은 그것을 보고 "과연. 감자는 저렇게 하는 것이 예절이구나."라고 차례로 흉내를 내어 일부러 감자를 굴렸습니다. 그리고 나서 마을 사람들은 입을 모아 "아 이런! 무슨 짓을!"이라고 했습니다. 겐안 님은 매우 곤란해서 작은 목소리로 마을 사람들에게 속삭였습니다. "이런이런. 부끄러운 흉내를 내지 말게." 그래도 모두가 또 똑같이 "이런이런 부끄러운 흉내를 내지 말게."라고 말했습니다. 겐안 님은 얼굴이 새빨개져서 먹는 것을 완전히 그만둬 버렸습니다.

지금 당장 집으로 돌아가고 싶어진 겐안 님은 후다닥 돌아갈 채비를 하고 촌장님에게 인사를 하려고 일어서 "촌장님, 슬슬 돌아가겠습니다. 맛있는 대접, 감사합니다. 실례하겠습니다."라고 말했습니다. 그러나 그 순간 웬일인지 겐안 님의 허리띠가 풀려서 축 늘어져 버렸습니다. 그것을 본 마을 사람들은 "아아, 실례할 때는 저렇게 허리띠를 축 늘어뜨리는 것이 예절인가. 과연. 상당히 어려운 것이군. 우리들도 그렇게 해야지."라며 또 겐안 님과 똑같이 허리띠를 축 늘어뜨리고 인사를 했습니다. 촌장님은 마을 사람들이 이상한 모습으로 우르르 걸어가는 것을 보고, 마침내 웃음을 참을 수 없게 되어 "우하하!"하고 웃어 버렸습니다. 그러나 마을 사람들은 결국 마지막까지 허리띠를 축 늘어뜨리는 것이 예의 없는 행동이라는 것은 아무도 눈치채지 못 했습니다.

浦島太郎

うらしまたろう

우라시마타로

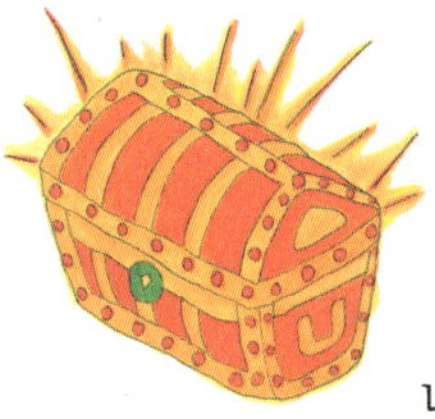

옛날 옛날 바닷가 작은 마을에, 우라시마타로라는 젊은 어부가 어머니와 함께 살고 있었습니다. 어느 날 우라시마타로가 바닷가를 산책하고 있는데 아이들이 떼지어 모여서 와와 시끌시끌 대소동을 벌이고 있었습니다. 우라시마타로는 무슨 일인가 생각하고 다가가 보자, 아이들이 한 마리의 거북이를 막대기로 때리거나 찌르거나 거북이를 뒤집거나 하며 놀고 있었습니다. 그것을 본 우라시마타로는 "이런이런, 너희들. 살아있는 생물을 그렇게 괴롭히면 안 돼, 불쌍하지 않니. 어서 바다로 돌려보내 주렴. 거북이에게조차도 가족이 있을 테니까."라고 말했습니다. 그러나 아이들은 "싫어요. 우리 거북이에요. 이제부터 재미있는 놀이를 할 테니까."라고 우라시마타로가 하는 말은 듣지 않습니다. "그럼, 그 거북이를 나에게 팔지 않겠니? 돈을 줄 테니까 괜찮겠지?" 우라시마타로가 돈을 건네자 아이들은 기뻐하며 거북이를 놓아 주고 달려가 버렸습니다.

"거북아, 이제 괜찮을 거야. 안심하렴. 상당히 아팠겠구나. 어서 바다로 돌아가렴."이라며 우라시마타로는 거북이를 놓아 주었습니다. 그리고서 잠시 시간이 흐른 어느 날, 우라시마타로가 바다에서 낚시를 하고 있자 한 마리의 거북이가 곁까지 헤엄쳐 왔습니다. 그리고 거북이는 우라시마타로에게 말을 했습니다. "우라시마타로 님. 요전에 정말 감사했습니다. 덕분에 살았습니다. 당신에게 답례를 하고 싶어서 용궁에서 왔습니다. 부디 당신을 우리들의 용궁으로 모셔가고 싶습니다." 우라시마타로는 깜짝 놀라 "뭐! 용궁이라고? 용궁으로 데려가 준다고? 그런 꿈 같은 일이 가능하니?" 그러자 거북이는 "자 어서요. 제 등에 타세요. 출발합니다."라고 하고 쓱쓱 헤엄치기 시작했습니다.

그리고 우라시마타로가 정신이 들었을 때는 거기는 벌써 바닷속이었습니다. "우와! 뭐라고 할 수 없을 정도로 기분이 좋은데. 와~ 산호도 있고. 앗! 다시마 숲도 있군. 대단해! 물고기 무리도 있어. 우와아!" 우라시마타로는 입을 떡 벌리고, 바다 속의 세계를 구경했습니다. 그리고 조금씩 앞으로 나가자 반짝반짝 빛나는 저택의 지붕이 보였습니다. "자아 용궁에 도착했습니다." 거북이는 우라시마타로를 등에서 내려놓았습니다. 그러자 용궁의 문이 팍하고 열리고 안에서 아름다운 오토히메라는 이름의 공주님이 나타났습니다. 오토히메는 알록달록 많은 물고기들과 함께 인사를 했습니다. 그리고 매우 아름다운 목소리로 "우라시마타로 님. 잘 오셨습니다. 일전에 거북이가 괴롭힘을 당해 위험한 순간에 도와주셔서 정말로 감사했습니다."라고 감사의 인사를 했습니다.

오토히메는 우라시마타로를 넓디넓은 방으로 안내했습니다. 거기에는 다 먹을 수 없을 정도의 진수성찬이 산처럼 있었습니다. "어서 드세요. 이제부터 노래와 춤을 보여 드릴 테니, 천천히 즐기세요." 오토히메는 말하고 차례차례로 진귀한 음식을 날라 왔습니다. 그리고 아름다운 곡에 맞춰 도미와 넙치 물고기들의 즐거운 춤이 시작되었습니다. "와아~ 예쁘다. 와아~ 맛있어. 왠지 꿈을 꾸고 있는 거 같은데. 너무 즐거운 걸." 우라시마타로는 말했습니다. 용궁은 이 세상의 것이라고는 생각할 수 없을 정도로 멋진 곳이었습니다 "용궁은 항상 이런 매일입니다. 좋아하는 만큼 즐겨 주세요. 언제까지라도 있어 주세요." 오토히메는 우라시마타로에게 말했습니다. 우라시마타로는 오토히메나 물고기들과 놀거나 노래 부르며 즐겁게 지냈습니다. 그리고 용궁에서의 생활이 너무나도 즐거워서 집에 돌아가는 것을 까맣게 잊어버렸습니다.

3일 정도 지나 갑자기 집에 계신 늙은 어머니를 떠올리고 갑자기 돌아가고 싶어졌습니다. "아, 너무 놀았구나. 너무나 즐거운 경험을 했습니다. 이제 돌아가야만 합니다." 우라시마타로가 말하자 오토히메는 "아직 좀 더 계셔 주세요. 아직 재미있는 것이 많이 있답니다."라고 우라시마타로가 돌아가는 것을 말렸습니다. 그러나 우라시마타로는 "아니요, 저는 꼭 돌아가야 합니다."라고 했습니다. 오토히메는 "그거 정말 슬프군요. 그렇게 말씀하신다면 어쩔 수가 없지요."라며 우라시마타로에게 선물로 아름답게 빛나는 상자를 주었습니다. 그리고 "이것은 다마테바코라는 것입니다. 이 상자는 어떤 일이 있어도 열어서는 안 됩니다. 특별한 상자니까요."라고 오토히메는 말했습니다.

우라시마타로는 다마테바코를 받고 거북이를 타고 돌아갔습니다. 거북이는 쓱쓱 헤엄쳐 어느 사이에 원래 있던 바닷가에 도착해 있었습니다. 우라시마타로는 거북이에게 작별인사를 하고 자신의 집으로 돌아가려고 해변을 걸었습니다만 뭔가 느낌이 이상합니다. "어라? 이상한걸. 집이 없네. 게다가 지금까지 본 적도 만난 적도 없는 사람들뿐이네. 어떻게 된 거지……?" 걱정이 되어 자신의 집으로 걸어갔습니다. 그리고 마을 사람에게 물었습니다. "저 이 부근에 우라시마타로라는 어부의 집은 없습니까? 확실히 이곳에 있었습니다만." 그러자, 마을 사람은 이렇게 대답했습니다. "우라시마타로라고? 아 그러고 보니 그런 흔치 않은 이름의 사람이 100년 전에 있었다는 전설이 있소. 어느 날 낚시하러 나간 채 돌아오지 않은 듯하오. 그런 이야기를 들은 적이 있는데." 우라시마타로는 깜짝 놀랐습니다. 용궁에는 3일밖에 있지 않았는데 지상에서는 그 사이에 100년의 세월이 흘러 버린 것이었습니다. "아아 어찌된 일인가. 설마 이런 일이 일어나다니. 믿을 수 없어……" 우라시마타로는 슬퍼져서 모래 위에 앉아 버렸습니다. "100년도 전에 어머니도 돌아가셨고. 나에게는 이제 집도 아무것도 없다. 이 다마테바코밖에 남은 것이 없구나. 어떡하지……"라고 중얼거리며 잠시 다마테바코를 쳐다보았습니다.

우라시마타로는 오토히메에게 열어서는 안 된다고 들은 것도 잊고, 그 다마테바코를 열고 싶어졌습니다. "뭐가 들어 있을까? 보물이라도 있는 건가? 조금만 열어 보자."라고 하고 상자를 열어 안을 조금 들여다 보았습니다. 그러자 그 순간 안에서 뭉게뭉게 하얀 연기가 갑자기 나왔습니다. "우와 뭐지? 무슨 연기지? 뭐야?"라고 놀라고 있는 사이에, 순식간에 우라시마타로는 연기에 휩싸여 버렸습니다. 그리고 순식간에 우라시마타로의 머리카락은 새하얗게 되고 얼굴은 주름투성이가 되고 허리는 구부러져서 갑자기 할아버지가 되어 버렸습니다.

はな さ
花咲かじいさん

꽃 피우는 할아버지

옛날 옛날 어느 곳에 정직한 할아버지와 할머니가 살고 있었습니다. 이 부부에게는 자식이 없었습니다. 그래서 포치라는 작은 개를 자식 대신 귀여워했습니다. 아주 화창한 어느 날, 할아버지가 포치를 데리고 밭일을 하러 나갔습니다. 할아버지가 일을 하고 있는 동안 포치는 할아버지 곁을 뛰어다니며 놀고 있다가 갑자기 밭 구석에 멈춰 서서 뭔가 하기 시작했습니다. 할아버지가 다가가자 포치는 열심히 앞발로 땅을 파고 있었습니다. "포치야. 도대체 뭐를 하는 거니? 그렇게 땅을 파고 커다란 벌레라도 있는 건가?" 할아버지가 말하자 "멍멍!"하고 포치는 큰 소리로 짖었습니다. 그리고 할아버지가 계신 곳으로 달려와서 할아버지의 옷을 입으로 물고 잡아당기기 시작했습니다. 할아버지는 곤란해서 "포치야, 안 돼. 지금 바쁘니까 너를 상대할 수 없어."라고 하자 포치는 더욱 큰 소리로 짖었습니다. "도대체 뭐가 있는 거지……"라고 포치가 파고 있는 구멍으로 다가가 보니 "여기 파라 멍멍!! 여기 파라 멍멍!!" 포치가 짖었습니다.

"아아 좋아 좋아. 알았어. 파 보지." 할아버지는 포치가 말하는 대로 삽으로 팍팍 땅을 파 보니, 쨍그랑하고 딱딱한 소리가 나고 반짝하고 빛나는 것이 보였습니다. 더욱 파 들어 가자, 웬걸 금화가 우르르 산처럼 나왔습니다. 할아버지는 깜짝 놀라서 "우와! 이것은 도대체 뭐지? 어찌 된 일이람!"이라며 당황해서 할머니를 불렀습니다. 할머니도 금화를 보고 "어머나! 이런 곳에 어찌 신기한 일이……" 두 사람은 놀라며 기뻐하며 영차영차 금화를 자루에 담아 집으로 가지고 돌아왔습니다.

정직한 할아버지와 할머니의 이웃에는 욕심 많은 할아버지와 할머니가 살고 있었습니다. 욕심 많은 할아버지와 할머니는 금화이야기를 듣고는 바로 정직한 할아버지의 집으로 가서 포치를 빌려 왔습니다. 욕심 많은 할머니도 "옆집에 금화가 나왔으니까 우리 밭에서도 많은 보물이 묻혀 있을 거야. 자 빨리 파 봅시다."라고 욕심 많은 할아버지를 재촉했습니다. 즉시 두 사람은 빌려 온 포치를 밭으로 데리고 가서 "포치. 자 어디에 보물이 묻혀 있는지 빨리 찾아! 찾아!"라고 무리하게 포치를 잡아당겼습니다. 포치는 끌려가서 견딜 수 없이 괴로웠습니다. 포치는 너무나도 아파서 발 밑의 땅을 파면서 "깽, 깽! 괴로워."라고 짖었습니다. 그러자 두 사람은 "오호! 여긴가. 보물이 있는 곳은? 많이 있는 것 같다."라고 말하고 열심히 파기 시작했습니다. 그런데 땅 속에서 나온 것은 웬걸 자갈뿐이었습니다. 게다가 썩은 냄새까지 났기 때문에, 두 사람은 화가 나서 "뭐야! 아무것도 나오지 않잖아! 이 거짓말쟁이 개야. 죽어 버려!"라고 포치를 때려서 죽여 버렸습니다.

정직한 할아버지와 할머니는 포치가 죽어서 너무나도 슬퍼서 울었습니다. "포치야. 용서해 주렴. 귀여운 너를 이웃에 빌려 준 것이 나빴다. 내가 바보야. 용서해 주렴. 포치."라고 하며 엉엉 울었습니다. 정직한 할아버지와 할머니는 포치의 시체를 집 마당에 묻었습니다. 그리고 그 옆에 작은 소나무를 심었습니다. 그러나 신기하게도 매일 쑥쑥 자라서 멋진 큰 나무가 되었습니다. "아 포치의 유품인 나무가 이렇게 자랐구나. 고마운 일이로군. 이걸로 절구를 만들면 분명 멋진 것이 만들어질 거야."라고 기뻐하며 바로 나무를 잘라, 커다란 절구를 만들었습니다. 그리고 두 사람은 "이 절구로 떡을 찧어서 포치에게 바칩시다."라고 말하면서 쿵덕쿵덕 떡을 찧기 시작했습니다. 그러자 절구 안의 찹쌀이 갑자기 늘어나서 순식간에 산만큼 찹쌀이 나왔습니다.

이 이야기를 들은 욕심 많은 할아버지와 할머니는 부러워서 견딜 수 없습니다. 두 사람은 "어서 절구를 빌려 오자. 분명히 저 절구로 떡을 찧으면 많은 찹쌀이 나올 것임에 틀림없어. 기대되는 걸. 빨리 하자."라며 정직한 할아버지 집에 가서 절구를 빌려 왔습니다. 그리고 바로 쌀을 넣고 쿵덕쿵덕 떡을 찧기 시작했습니다. 그런데 아무리 열심히 찧어도 쌀이 한 톨도 늘지 않습니다. 그렇기는커녕, 절구 안에서 썩은 냄새가 났습니다. "구려 구려! 이거 견딜 수 없는 걸. 이 엉터리 절구는 쌀도 나오지 않지 않은가? 이런 것은 쓸모가 없으니까 태워 버려야지."라고 화를 내며 욕심 많은 할아버지와 할머니는 절구를 쪼개어 태워 버렸습니다. 그것을 들은 정직한 할아버지와 할머니는 낙담했습니다. "유품인 절구를 태워 버리다니. 그것 참 애석한 짓을 했다. 소중한 절구였는데...... 하지만 이제 어쩔 수 없지. 그럼 남은 재라도 받아 돌아갑시다."라며 재를 자루에 담아 집으로 가지고 돌아왔습니다.

"할멈. 포치의 유품인 절구가 재로 되어 버렸소. 정말로 애석한 일을 했소."라고 할아버지가 할머니에게 이야기를 하고 있자 손에 들고 있던 재가 갑자기 바람에 날려 근처에 있던 나무에 떨어졌습니다. 그러자 신기하게도 지금까지 말라있던 나무가 일제히 꽃을 피웠습니다. 주변은 확하고 밝아지고 매우 떠들썩해졌습니다. "이거 신기한 재로군. 아 예쁘다. 그래! 마른 가지에 꽃을 피워 모두를 기쁘게 해 주자. 분명히 모두 아주 기뻐할 것임에 틀림없어." 그렇게 말하고 자루 속에 재를 담아 여기저기 마른 나무에 재를 뿌리며 걸었습니다.

"자아 마른 나무에 꽃을 피웁시다. 꽃 피우는 할아버지입니다. 자 자 봐 주세요."라고 외치면서 길을 걸어갔습니다. 그러자 멀리서 영주님의 행렬이 다가왔습니다. 영주님은 "오호 진귀한 할아버지가 계시군. 바로 여기로 불러 그 기술을 보여 달라고 하여라."라고 신하에게 명령했습니다. 영주님에게 불리어 온 할아버지는 "네, 보여 드리겠습니다. 시켜 주십시오. 쓱쓱 싹싹 쓱쓱 싹싹. 마른 나무여 꽃을 피워라!"라고 하자 마른 나무는 갑자기 꽃이 만발해졌습니다. "오호 훌륭하구나! 이렇게 즐거운 꽃구경은 처음이로다! 꽃 피우는 할아버지 고맙구려." 영주님은 할아버지에게 많은 포상을 주었습니다.

또다시 이 이야기를 들은 욕심 많은 할아버지는 "이웃 할아범이 할 수 있다면 나도 하지 못 할 것도 없지."라며 집에 남아 있던 재를 전부 자루에 담아 준비했습니다. 며칠이 지나 영주님의 행렬이 또 지나갔습니다. 욕심 많은 할아버지는 서둘러 거리로 뛰어가며 말했습니다. "자아 마른 나무에 꽃을 피우는 꽃 피우기 할아버지입니다. 마른 나무에 꽃을 피웁니다."라고 정직한 할아버지의 흉내를 내며 말했습니다. 영주님은 "아아 그 때의 할아버진가. 한 번 더 해 줄 건가?"라고 하자 욕심 많은 할아버지는 즉시 벚나무 위로 올라가 "쓱쓱 싹싹. 마른 나무여 꽃을 피워라!"라고 재를 뿌리며 외쳤습니다. 그러나 꽃은 하나도 피지 않습니다. 욕심 많은 할아버지는 당황해서 재를 전부 뿌렸습니다만 그래도 꽃은 하나도 피지 않습니다. 그렇기는커녕, 재는 바람에 날려 영주님과 신하들의 눈과 코에 들어가 버렸습니다. "아아 아프다 아파. 저놈은 가짜 꽃피우기 할아버지다. 그 놈, 붙잡아라. 나쁜 놈이다. 데리고 가라!" 영주님은 신하에게 명령하였습니다. 욕심쟁이 할아버지는 밧줄로 묶여 결국 끌려가 버리고 말았습니다.

정답

초급 01 참새와 조롱박

01 ①

02 ②

03 ②

04 ②

05 ④

06 すずめ

07 すずめがおばあさんの話を聞かずに、チュンチュン鳴いて、おばあさんのそばで遊んでいたから

08 けがが治るように薬をぬってあげた

09 お米

10 やさしいおばあさんにけがを治してもらったこと

tip

切きる 자르다

초급 02 삿갓 쓴 지장보살님

01 ③

02 ②

03 ④

04 ②

05 ①

06 明日はお正月だから

07 貧しくておもちを買うお金もなかったから

08 かさを売っていた

09 お地蔵さん

10 お米や野菜がたくさん入った箱をあげた

tip

売うれ残のこる 팔고 남다 | 交換こうかん 교환

やめる 그만두다 | 急いそぐ 서두르다

～に怒おこられる ~가 화내다 | 怖こわい 무섭다

초급 03 쥐의 시집가기

01 ①

02 ②

03 ②

04 ④

05 かわいい娘さんを嫁にもらうこと

06 世界で一番立派な人

07 世界中を明るくすることができるから

08 雲さんは、風さんの力で、遠くへ飛んで行ってしまったから

09 近所のとても立派なねずみさん

tip

もったいない 아깝다 | いやだ 싫다
結婚けっこんさせたかった 결혼시키고 싶었다
自分じぶん 자기 자신 | 最後さいごに 마지막으로

초급 04 소금이 나오는 맷돌

01 ①

02 ①

03 ②

04 ②

05 ②

06 働きすぎたから

07 欲張りな性格

08 自分のほしい物の名前を言って、ぐるぐる回すと何でも出てくる魔法のうす

09 石うすの止め方がわからなかったから

10 今でも石うすが海の深いところでぐるぐる回りながら塩を出しているから

tip

分わける 나누다 | 全部ぜんぶ 전부 | あげる 주다
譲ゆずる 양보하다 | 楽たのしそうに 즐거운 듯이
使つかう 사용하다 | 見みせる 보여주다
自慢じまんする 자랑하다 | 追おいかけて来こられない 쫓아올 수 없다 | 性格せいかく 성격

중급 05 은혜 갚은 학

01 ②

02 ②

03 ②

04 ①

05 ④

06 一羽(いちわ)の鶴(つる)

07 とてもきれいでかわいい娘(むすめ)

08 はた織(お)り

09 娘(むすめ)がはた織(お)りをするところを絶対(ぜったい)に見(み)ないこと

10 二人(ふたり)が助(たす)けたけがをした鶴(つる)

tip

けがをさせる 상처를 입히다 | さびしい 쓸쓸하다
連つれて行いく 데려가다 | 頼たのむ 부탁하다
仕事しごとを手伝てつだう 일을 돕다

중급 06 아기가 된 할아버지

01 ①

02 ③

03 ④

04 ①

05 ②

06 もう一度(いちど)若(わか)くなる方法(ほうほう)

07 庭(にわ)でお日(ひ)さまに当(あ)たったり、庭(にわ)の草(くさ)を取(と)ったりしていた

08 若(わか)い娘(むすめ)のように元気(げんき)になったから

09 たくさんの水(みず)を飲(の)みすぎたから

10 もう一度(いちど)あかちゃんから育(そだ)てることにした

tip

全然ぜんぜん 전혀 | 真似まねする 흉내 내다
とってくる 가져오다

중급 07 게의 복수

01 ②

02 ①

03 ③

04 ④

05 ④

06 木に登ることができなかったから

07 さるが投げたかきの実がかにの背中に当たって、かにがつぶれて死んでしまったから

08 泣くのをやめて、みんなで力を合わせてさるをやっつけに行くことにした

09 はちとくりとうす

10 いろりで体を暖めようとした

tip

食たべられない 먹을 수 없다 | なくならない 없어지지 않다
食たべ頃ごろ 먹어서 가장 맛있는 시기, 제철
とってあげる 따주다 | ぶつける 던져 맞히다

고급 08 감자데굴데굴

01 ②

02 ③

03 ②

04 ③

05 ④

06 新しい家を建てたから

07 作法がわからないこと

08 余りにもみんなの声が大きいので、それを止めさせるため

09 失礼する時は、帯をダラリと下げるのが作法だということ

10 おかしな姿でゾロゾロ歩いて行く姿

tip

物知ものしり 박식함, 박식한 사람 | 自分達じぶんたち 자신들
きたない 더럽다 | 着きてみたい 입어보고 싶다
風邪かぜを引ひく 감기에 걸리다
咳せきが止とまらない 기침이 멈추지 않다
間違まちがえる 틀리다 | おもしろそうだ 재미있을 거 같다
慌あわてる 당황하다 | つかむ 잡다 | 滑すべる 미끄러지다
怒おこる 화내다 | 心配しんぱいする 걱정하다

고급 09 우라시마타로

01 ②

02 ③

03 ①

04 ③

05 ③

06 一匹のカメを棒で叩いたりつっついたり裏返したりして遊んでいた

07 竜宮

08 3日ほど過ぎて、家にいる年老いた母親を思い出したから

09 玉手箱

10 見る見るうちに髪の毛が真っ白になり、顔はしわだらけになり、腰も曲がっておじいさんになってしまった

tip

話はなしかける 말 걸다 | 演奏えんそう 연주

結婚けっこんする 결혼하다 | なくなる 없어지다

さびしい 쓸쓸하다

고급 10 꽃 피우는 할아버지

01 ④

02 ④

03 ①

04 ④

05 ③

06 山のような小判

07 欲の深いおじいさんとおばあさん

08 小さな松の木

09 今まで枯れていた木がいっせいに花を咲かせた

10 縄にしばられて連れて行かれてしまった

tip

掘ほり出だす 파내다 | 働はたらかされる 혹사당하다

松まつの木き 소나무 | 割われる 깨지다

準備じゅんびする 준비하다 | お城しろ 성, 궁궐

叫さけぶ 외치다